CEDU(쎄듀)는 A **C**omprehensive **E**nglish e**DU**cation(종합적 영어교육)의 약자입니다.

펴낸이   김기훈 김진희

펴낸곳   ㈜쎄듀/서울시 강남구 논현로 305 (역삼동)

발행일   2018년 5월 4일 초판 1쇄

내용 문의   www.cedubook.com

구입 문의   영업본부

               Tel. 02-6241-2007

               Fax. 02-2058-0209

등록번호   제22-2472호

ISBN   978-89-6806-115-8

교과서 지식으로 영문 독해를 자신 있게!

리딩 릴레이

READING RELAY

MASTER

저자

김기훈   現 ㈜ 쎄듀 대표이사
現 메가스터디 영어영역 대표강사
前 서울특별시 교육청 외국어 교육정책자문위원회 위원
저서 천일문 〈입문편 · 기본편 · 핵심편 · 완성편〉 / 천일문 GRAMMAR
첫단추 BASIC / 어법끝 / 문법의 골든룰 101 / Grammar Q
어휘끝 / 쎄듀 종합영어 / 절대평가 PLAN A / 구문현답 / 유형즉답
The 리딩플레이어 / 빈칸백서 / 오답백서 / 리딩 플랫폼 / 거침없이 Writing
첫단추 모의고사 / Sense Up! 모의고사 / Power Up! 모의고사
수능실감 EBS 변형 FINAL 모의고사 등

박정애   쎄듀 영어교육연구센터 선임연구원
저서 천일문 〈완성편〉 / 어휘끝 5.0 / 쎄듀 종합영어
Power Up! 모의고사 〈듣기〉 / 오답백서 / 구문현답 / 리딩 플랫폼
절대평가 PLAN A 〈구문어법〉 / 첫단추 BASIC 〈독해편〉 등

장혜승   쎄듀 영어교육연구센터 연구원
저서 초등코치 천일문 시리즈

김수현   쎄듀 영어교육연구센터 연구원
저서 천일문 기본 문제집 / 첫단추 모의고사 〈독해유형편〉
수능실감 2018 SEMIFINAL 독해 모의고사

마케팅	민혜정, 문병철, 장은비
영업	공우진, 문병구
제작	정승호
인디자인 편집	올댓에디팅
표지 디자인	윤혜영, 이연수
내지 디자인	PINT Graphics, 이연수
일러스트	바니모모, 그림숲
영문교열	Eric Scheusner

Preface

중등 독해 〈리딩 릴레이〉 시리즈를 펴내며

중등 독해, 무엇을 어떻게 읽어야 할까?

아이들은 짧고 재미있는 이야기를 읽기 시작해 점차 다양한 성격의 글을 접하게 됩니다. 하지만 학년이 올라가면서 영어에만 투자할 수 있는 시간이 점차로 줄어들기 때문에 무조건 많은 양의 읽기로 독해력을 키우는 것이 현실적으로 어렵습니다. 즉 학습할 과목이 늘어나는 중학교 시기에는 무작정 많고 다양한 글을 읽기보다 효과적이고 효율적인 읽기에 초점이 맞춰져야 합니다.

초등학교 때와 달리 중학교에서는 문법이 강조되고, 이후 고등학교에서는 그동안 쌓아온 어휘와 문법을 적용하여 빠르게 지문을 읽고 정확하게 내용을 파악하는 능력이 요구됩니다. 따라서 중학교 때 기본 어휘를 익히고 학습한 문법을 응용하여 글을 읽는 능력을 키우는 것이 중요합니다.

이를 위하여 본 시리즈는 효율적인 독해 학습을 위해 교육부가 지정한 필수 어휘와 교과 과정에 등장하는 소재를 바탕으로 한 지문들로 구성하였습니다. 또한, 중학교 교과목 내용과 관련된 배경 지식을 쌓으면서 영어 지문의 이해도를 높이고, 독해의 부담을 줄일 수 있도록 설계하였습니다.

❶ 탄탄한 어휘력은 효율적인 학습의 시작입니다.

어휘 학습은 글의 이해를 도와주는 중요한 역할을 합니다. 〈리딩 릴레이〉 시리즈는 교육부에서 지정한 필수 어휘 중 교과서에서 빈출되는 어휘와 주요 표현들을 지문 속에서 자연스럽게 학습하여 어휘력과 독해 실력을 동시에 쌓을 수 있습니다.

❷ 배경 지식 활용이 이해의 바탕이 됩니다.

중학교 교과목을 바탕으로 소재를 선정하여 관련되는 우리말 배경 지식을 쌓은 후, 이어지는 내용을 영어 지문으로 읽음으로써 조금 더 친근하게 영어 지문에 다가갈 수 있도록 구성하였습니다. 이렇게 쌓인 배경 지식은 또 다른 영어 지문을 대할 때도 이해력과 자신감을 높여주고 나아가 다른 교과목의 학습에도 시너지를 낼 수 있으리라 생각합니다.

효율적인 독해 학습을 돕는 〈리딩 릴레이〉 시리즈를 통해 학습 부담을 줄이고 교과 과정에 흥미를 더해줄 지식을 쌓으면서 독해의 즐거움을 느낄 수 있기를 바랍니다.

저자

Preview

〈리딩 릴레이〉의 구성과 특징

이 시리즈는 다음과 같이 구성되어 있습니다.

❶ 어휘와 배경 지식을 먼저 접하여 효과적인 독해 학습이 되도록 구성하였습니다.

❷ 영어 독해 실력 향상을 목표로 하는 학생뿐 아니라 영어 독해에 대해 두려움이나 거부감을 가진 학생들을 위한 책으로
지문 관련 내용과 좀 더 친숙해질 수 있습니다.

01 Chapter Preview

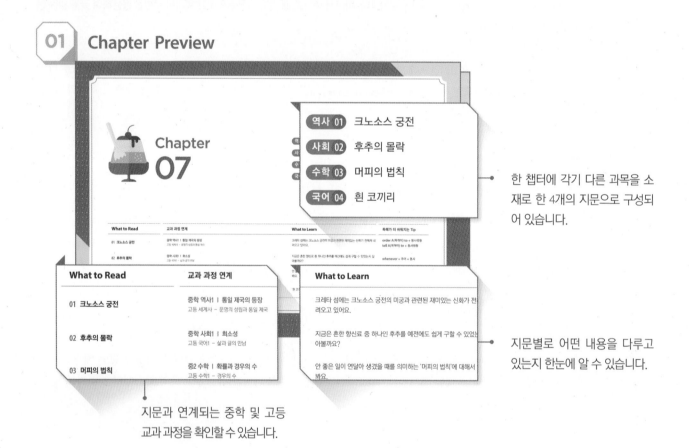

한 챕터에 각기 다른 과목을 소재로 한 4개의 지문으로 구성되어 있습니다.

지문과 연계되는 중학 및 고등 교과 과정을 확인할 수 있습니다.

지문별로 어떤 내용을 다루고 있는지 한눈에 알 수 있습니다.

교육부에서 지정한 필수 어휘로, 중학교 교과서에 빈출되는 것 위주로 수록하였습니다.

또한, 휴대폰을 통해 QR코드를 인식하여 교육부 지정 중학 필수 어휘의 MP3 파일을 들을 수 있습니다.

03 START READING!

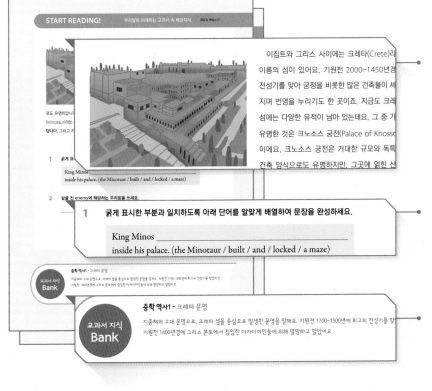

우리말로 가볍게 지문 관련 배경 지식을 먼저 읽어보세요. 뒷 페이지에 이어지는 영어 지문을 자신 있게 읽어 내려갈 수 있습니다.

일치/불일치, 어휘, 영작 등의 문제를 통해 우리말 배경지식에 등장한 내용 및 필수 어휘를 확인해보세요.

[교과서 지식 Bank]를 통해 해당 과목 교과서 관련 내용을 읽어볼 수 있습니다.

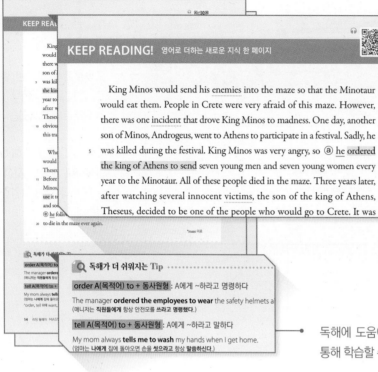

KEEP READING! 영어로 더하는 새로운 지식 한 페이지

King Minos would send his enemies into the maze so that the Minotaur would eat them. People in Crete were very afraid of this maze. However, there was one incident that drove King Minos to madness. One day, another son of Minos, Androgeus, went to Athens to participate in a festival. Sadly, he was killed during the festival. King Minos was very angry, so ⓐ he ordered the king of Athens to send seven young men and seven young women every year to the Minotaur. All of these people died in the maze. Three years later, after watching several innocent victims, the son of the king of Athens, Theseus, decided to be one of the people who would go to Crete. It was

*maze 미로

🔍 독해가 더 쉬워지는 Tip

order A(목적어) to + 동사원형 : A에게 ~하라고 명령하다

The manager **ordered the employees to wear** the safety helmets a (매니저는 **직원들에게** 항상 안전모를 **쓰라고 명령했다.**)

tell A(목적어) to + 동사원형 : A에게 ~하라고 말하다

My mom always **tells me to wash** my hands when I get home. (엄마는 **나에게** 집에 돌아오면 손을 **씻으라고** 항상 **말씀하신다.**)

우리말 배경지식에 이어지는 다양한 소재의 영어 지문은 흥미를 배가시켜주고 다른 과목에 대한 지식을 쌓게 해줍니다.

또한, QR코드로 해당 지문 MP3 파일을 들을 수 있습니다.

독해에 도움이 되는 필수 표현 및 구문을 추가 예문을 통해 학습할 수 있습니다.

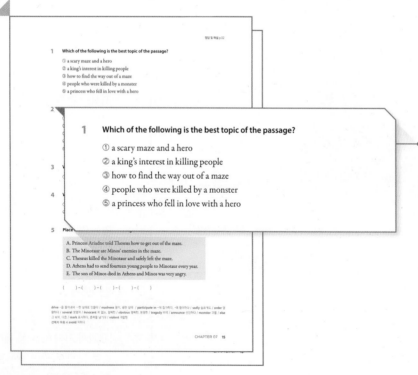

1 Which of the following is the best topic of the passage?

① a scary maze and a hero
② a king's interest in killing people
③ how to find the way out of a maze
④ people who were killed by a monster
⑤ a princess who fell in love with a hero

글의 내용과 흐름을 파악할 수 있도록 구성된 여러 유형의 문제를 통해 지문 이해도를 확인해보세요.

A. Princess Ariadne told Theseus how to get out of the maze.
B. The Minotaur ate Minos' enemies in the maze.
C. Theseus killed the Minotaur and safely left the maze.
D. Athens had to send fourteen young people to Minotaur every year.
E. The son of Minos died in Athens and Minos was very angry.

(   )-(   )-(   )-(   )-(   )

drive - 몰 장아내다 - 한 상태로 만들다 / madness 광기, 광란 상태 / participate in ~에 참가하다, ~에 참여하다 / sadly 슬프게도 / order 명
령하다 / several 몇몇의 / innocent 죄 없는, 결백한 / obvious 명백한, 분명한 / tragedy 비극 / announce 선언하다 / monster 괴물 / else
그 외의, 다른 / mark 표시하다, 흔적을 남기다 / violent 격렬한
선택지 어휘 d avoid 피하다

06 별책 부록 – 단어 암기장

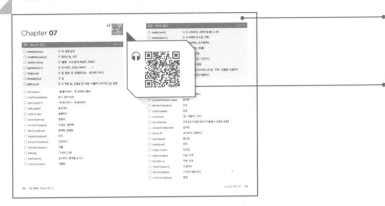

별책 부록으로 단어 암기장이 함께 제공됩니다. 중학 필수 어휘와 지문에 나온 주요 어휘들을 수록하였습니다.

QR코드를 통해 단어 MP3 파일을 들을 수 있습니다.

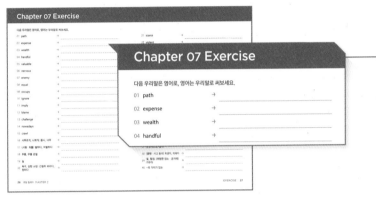

학습한 단어 의미를 복습하면서 어휘력을 기를 수 있습니다.

07 무료 부가서비스

1. 어휘리스트

2. 어휘테스트

3. 직독직해 연습지

학습을 돕는 부가서비스 자료들을 활용하여 복습할 수 있습니다.

무료 부가서비스 자료는 www.cedubook.com에서 다운로드 가능합니다.
1. MP3 파일 2. 어휘리스트 3. 어휘테스트 4. 어휘출제프로그램 5. 직독직해 연습지

Contents

Chapter 07

What to Learn	**독해가 더 쉬워지는 Tip**
크레타 섬에는 크노소스 궁전의 미궁과 관련된 재미있는 신화가 전해져 내려오고 있어요.	**order A(목적어) to + 동사원형** **tell A(목적어) to + 동사원형**
지금은 흔한 향신료 중 하나인 후추를 예전에도 쉽게 구할 수 있었는지 알아볼까요?	**whenever + 주어 + 동사**
안 좋은 일이 연달아 생겼을 때를 의미하는 '머피의 법칙'에 대해서 읽어봐요.	**how + 주어 + 동사**
'흰 코끼리'라는 표현에 담긴 다른 의미에 대해서 알아봐요.	**more of A than B** **refer to A**

교육부 지정 중학 필수 어휘 🎧

정답 및 해설 p.02

enemy	명 적, 경쟁 상대
incident	명 일어난 일, 사건
victim	명 (불행·사고 등의) 희생자, 피해자
ignore	동 무시하다, 모르는 체하다
trap	명 덫, 함정 동 (위험한 장소·궁지에) 가두다
thread	명 실
path	명 1. 작은 길, 오솔길 2. (사람·사물이 나아가는) 길, 방향

아래 해석을 참고하여 다음 각 빈칸에 적절한 단어를 위의 목록에서 골라 쓰세요. (동사의 시제와 명사의 수에 유의)

1   It is rude to _____ someone who is talking to you.

2   A group of reporters blocked the actor's _____ and asked questions.

3   The children lost their parents in a war. They are _____ of war.

4   We have an army to protect us from our many _____.

5   When I was young, my dad used _____ to pull my tooth out instead of going to a dentist.

6   Several _____ led us to believe that she was a thief.

7   They were _____ in a burning building. Luckily, a fire truck came before it was too late.

해석 **1** 당신에게 말하고 있는 누군가를 <u>무시하는</u> 것은 무례하다. **2** 한 무리의 기자들이 그 배우가 가는 <u>길</u>을 막고 질문을 했다. **3** 그 아이들은 전쟁에서 부모를 잃었다. 그들은 전쟁의 <u>피해자들</u>이다. **4** 우리는 많은 <u>적</u>들로부터 우리를 보호해 줄 군대를 가지고 있다. **5** 내가 어렸을 때, 아버지는 나의 이를 뽑기 위해 치과에 가는 대신 <u>실</u>을 사용하셨다. **6** 몇몇 <u>사건들</u>이 우리로 하여금 그녀가 도둑이었다는 것을 믿게 했다. **7** 그들은 불타고 있는 건물에 <u>갇혔었다</u>. 다행스럽게도 소방차가 너무 늦기 전에 왔다.

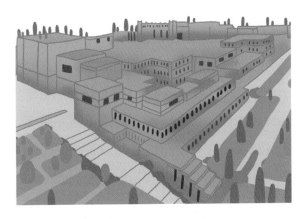

이집트와 그리스 사이에는 크레타(Crete)라는 이름의 섬이 있어요. 기원전 2000~1450년경에 전성기를 맞아 궁정을 비롯한 많은 건축물이 세워지며 번영을 누리기도 한 곳이죠. 지금도 크레타 섬에는 다양한 유적이 남아 있는데요. 그 중 가장 유명한 것은 크노소스 궁전(Palace of Knossos)이에요. 크노소스 궁전은 거대한 규모와 독특한 건축 양식으로도 유명하지만, 그곳에 얽힌 신화로도 유명하답니다. 크레타 섬의 왕이었던 미노스(Minos)의 아내는 반은 사람이고 반은 소인 미노타우로스(Minotaur)라는 괴물을 낳아요. 그러자 **미노스 왕은 궁전 안에 미궁(maze)을 짓고 미노타우로스를 가두었답니다.** 그리고 자신의 enemy를 그 미궁으로 보내 버렸다고 해요.

SEE THE NEXT PAGE! »

1   굵게 표시한 부분과 일치하도록 아래 단어를 알맞게 배열하여 문장을 완성하세요.

> King Minos _____
> inside his palace. (the Minotaur / built / and / locked / a maze)

2   밑줄 친 enemy에 해당하는 우리말을 쓰세요.

_____

교과서 지식 Bank

중학 역사1 - 크레타 문명

지중해의 고대 문명으로, 크레타 섬을 중심으로 발생한 문명을 말해요. 기원전 1700~1500년에 최고의 전성기를 맞았지만, 기원전 1400년경에 그리스 본토에서 침입한 아카이아인들에 의해 멸망하고 말았어요.

King Minos would send his enemies into the maze so that the Minotaur would eat them. People in Crete were very afraid of this maze. However, there was one incident that drove King Minos to madness. One day, another son of Minos, Androgeus, went to Athens to participate in a festival. Sadly, he
5　was killed during the festival. King Minos was very angry, so ⓐ he ordered the king of Athens to send seven young men and seven young women every year to the Minotaur. All of these people died in the maze. Three years later, after watching several innocent victims, the son of the king of Athens, Theseus, decided to be one of the people who would go to Crete. It was
10　obvious that ⓑ he wanted to kill the Minotaur and _____ this tragedy.

When Theseus arrived in Crete, he announced to King Minos that ⓒ he would kill the monster. King Minos just ignored him because he thought Theseus would be trapped and eaten by the Minotaur like everybody else.
15　Before entering the maze, Theseus met Princess Ariadne, daughter of King Minos, and they fell in love. She gave him some thread and told ⓓ him to use it to mark his path in the maze. Theseus entered the maze with the thread and soon found the Minotaur. After a violent fight, he finally killed it. Then ⓔ he followed the thread and safely left the maze. After that, no one else had
20　to die in the maze ever again.

*maze 미로

🔍 **독해가 더 쉬워지는 Tip** •

order A(목적어) to + 동사원형 : A에게 ~하라고 명령하다

The manager **ordered the employees to wear** the safety helmets all the time.
(매니저는 **직원들에게** 항상 안전모를 **쓰라고 명령했다**.)

tell A(목적어) to + 동사원형 : A에게 ~하라고 말하다

My mom always **tells me to wash** my hands when I get home.
(엄마는 **나에게** 집에 돌아오면 손을 **씻으라고** 항상 **말씀하신다**.)

*order, tell 외에 want, cause, allow, encourage, persuade 등도 목적격보어로 「to + 동사원형」을 써요.

1 **Which of the following is the best topic of the passage?**

① a scary maze and a hero
② a king's interest in killing people
③ how to find the way out of a maze
④ people who were killed by a monster
⑤ a princess who fell in love with a hero

2 **Which of the following is NOT true according to the passage?**

① 크레타 사람들은 미노스 왕의 미로를 두려워했다.
② 미노스 왕의 아들이 미로에서 죽었다.
③ 테세우스는 크레타에 가서 괴물을 죽이기로 결심했다.
④ 미노스 왕의 딸이 테세우스를 도왔다.
⑤ 테세우스는 미로를 무사히 빠져나왔다.

3 **Which of the following is different among the underlined ⓐ ~ ⓔ?**

① ⓐ　　② ⓑ　　③ ⓒ　　④ ⓓ　　⑤ ⓔ

4 **Which of the following best fits in the blank?**

① ignore　　② experience　　③ end
④ avoid　　⑤ protect

5 **Place the sentences below in the right order of time.**

A. Princess Ariadne told Theseus how to get out of the maze.
B. The Minotaur ate Minos' enemies in the maze.
C. Theseus killed the Minotaur and safely left the maze.
D. Athens had to send fourteen young people to Minotaur every year.
E. The son of Minos died in Athens and Minos was very angry.

(　) – (　) – (　) – (　) – (　)

drive ~을 몰아내어 …한 상태로 만들다 / madness 광기, 광란 상태 / participate in ~에 참가하다, ~에 참여하다 / sadly 슬프게도 / order 명령하다 / several 몇몇의 / innocent 죄 없는, 결백한 / obvious 명백한, 분명한 / tragedy 비극 / announce 선언하다 / monster 괴물 / else 그 밖의, 다른 / mark 표시하다, 흔적을 남기다 / violent 격렬한
선택지 어휘 4 avoid 피하다

교육부 지정 중학 필수 어휘 🎧

정답 및 해설 p.04

badly	부 1. 서투르게, 나쁘게 2. **몹시, 너무**	
scarce	형 1. 부족한 2. 드문, 귀한	
nowadays	부 오늘날에는, 요즈음에는	
wealth	명 (많은) 재산, 부(富)	
handful	명 한 움큼, 한 줌	
crawl	동 (엎드려) 기다, 기어가다	
knee	명 무릎, 무릎 관절	
occupy	동 1. (장소를) 차지하다 2. (방 · 주택 · 건물을) 사용하다 3. (군대 등이) 점령하다	

아래 해석을 참고하여 다음 각 빈칸에 적절한 단어를 위의 목록에서 골라 쓰세요. (동사의 시제와 명사의 수에 유의)

1   Though the actor has fame, _____, and success, he is very lonely.

2   The girl fell down. There was blood on her _____, but she didn't cry.

3   Her brother went abroad to study a year ago. She misses him _____.

4   Germany _____ Poland during World War II.

5   Clean water and medicines were very _____ in this area.

6   The baby _____ over to her mother. Then the mother gently hugged the baby.

7   _____, machines do a lot of work. Before, most of the work was done by hand.

8   She grabbed a _____ of sand and put it in the bucket. She added water to build a sandcastle.

해석 1 명성, 재산, 그리고 성공을 가졌음에도 불구하고, 그 배우는 매우 외롭다. 2 그 여자아이가 넘어졌다. 그녀의 무릎에서 피가 났지만, 그녀는 울지 않았다. 3 그녀의 오빠는 일 년 전에 공부하기 위해 해외로 갔다. 그녀는 오빠를 몹시 그리워한다. 4 독일은 제2차 세계대전 때 폴란드를 점령했다. 5 깨끗한 물과 약이 이 지역에 매우 부족했다. 6 그 아기는 엄마에게 기어갔다. 그러자 엄마는 다정하게 아기를 껴안았다. 7 오늘날에는 기계들이 많은 일을 한다. 전에는 대부분의 일이 손으로 이루어졌다. 8 그녀는 모래를 한 움큼 쥐어 양동이에 넣었다. 모래성을 만들기 위해 물을 더했다.

후추(pepper)는 중세 시대 때 화폐처럼 쓰였던 귀한 자원이었으며, 중세의 '검은 금'이라고 불리기도 했어요. 당시에 '비싸다'의 또 다른 표현법으로 'peperduur'가 사용이 되었는데, 이것은 'pepper expensive'라는 뜻이에요.

후추는 열대 기후에서만 재배할 수 있는데, 유럽은 향신료 작물을 재배하기 어려운 온대 기후 지역이지요. 후추를 원하는 사람은 많은데 생산량은 늘 부족해서 후추는 매우 <u>scarce</u>했어요. 그때 후추는 요리 외에도 다양한 용도로 쓰였는데, 사람들은 후추가 전염병을 퇴치할 수 있다고 믿어 마을 곳곳에 뿌리곤 했어요. **또한, 후추가 상한 고기의 맛을 좋게 해준다고 믿기도 했어요.**

SEE THE NEXT PAGE! ≫

1　밑줄 친 <u>scarce</u>에 해당하는 우리말을 고르세요.

① 값이 싸다　　　② 귀한　　　③ 매운　　　④ 소중한

2　굵게 표시한 부분과 일치하도록 아래 단어를 알맞게 배열하여 문장을 완성하세요.

> Also, people believed that ＿＿＿＿＿＿＿＿＿＿＿＿＿＿ the
> rotten meat ＿＿＿＿＿＿＿＿. (pepper / make / taste / would /
> better)
>
> *rotten (음식 등이) 상한, 썩은

교과서 지식 Bank

중학 사회1 - 자원의 희소성

희소성은 인간의 물질적 욕구에 비해 그 충족 수단이 부족한 상태를 말해요. 위에서도 후추를 원하는 사람(수요)은 많은데 생산량(공급)이 적었다고 했죠? 이처럼 수요가 공급보다 많으면 희소성이 높아지고 가격도 비싸진답니다.

In the Middle Ages in Europe people badly wanted pepper. They even sailed to find a faster and more convenient way to get pepper from Asia. Because pepper was very scarce, it was very expensive. The demand for it was higher than its supply.

5　How much did it cost? One box of pepper cost 170 ducats. Nowadays, that is about $34,000! Even a little pepper was more valuable than gold! Rich people used pepper to show off their wealth and power. Whenever there was a party at a palace, the king would throw a handful of pepper. People at the party would crawl on their hands and knees to get it. Only the rich could have food

10　with lots of spices in it.

　At that time, Portugal had a monopoly on the spice trade. ① However, in the 17th century they lost almost all of their valuable Indian Ocean trade to the Dutch and the English who occupied the region by force. ② Soon after, other European countries started to import and sell pepper. ③ There are

15　more than 50 countries in Europe now. ④ So, the price of pepper declined and more people began to enjoy it. ⑤ Pepper became a very common spice. The rich began to look for other scarce spices.

*monopoly (상품 · 사업 등의) 전매, 독점

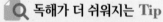

🔍 **독해가 더 쉬워지는 Tip** ••

whenever + 주어 + 동사 : ~이(가) …할 때는 언제나; ~이(가) …할 때마다

Whenever she was in trouble, he showed up and helped her.
(그녀가 위험에 처했을 **때마다** 그가 나타나서 그녀를 도와주었다.)

Whenever he has an exam, he studies in the school library.
(그는 시험이 **있을 때는 언제나** 학교 도서관에서 공부한다.)

1 **Which of the following is the best topic of the passage?**

① how to use pepper

② the changes of pepper value in the Middle Ages

③ the pepper trade in Portugal

④ reasons why Europeans love pepper

⑤ the way rich people treat pepper

2 **Which of the following is TRUE according to the passage?**

① Pepper was very easy to get from the start.

② Europeans used to import pepper from Africa.

③ Nowadays, a box of pepper costs about $34,000.

④ After the 17th century, pepper was too expensive to get.

⑤ In the Middle Ages, only the rich could enjoy food with pepper in it.

3 **Why did the king throw pepper at a party?**

① because he wanted to cook with pepper

② because he wanted to show off his wealth

③ because people didn't like pepper

④ because pepper became a common spice

⑤ because he didn't like its taste

4 **Which of the following is NOT appropriate in the passage?**

①   ②   ③   ④   ⑤

5 **Complete the summary below with appropriate words from the box.**

> In the Middle Ages, European people used (A) _____ spices like pepper to show off their wealth and power. However, as more countries like the Netherlands and England started to import and sell pepper, the price of pepper (B) _____, and pepper became a (C) _____ spice.

> common / scarce / decreased / wealth / occupied / spicy

the Middle Ages 중세 시대 / **even** 심지어 / **sail** (바다를) 항해하다 / **convenient** 편리한 / **demand** 수요 / **supply** 공급 / **cost** (값 · 비용이) ~이다 / **ducat** 더컷 《과거 유럽 여러 국가들에서 사용된 금화》 / **valuable** 값비싼 / **show off** 과시하다, 자랑하다 / **spice** 향신료 / **trade** 무역 / **Indian Ocean** 인도양 / **region** 지방, 지역 / **force** 무력, 군대 / **import** 수입하다 / **decline** (가격이) 떨어지다 / **common** 흔한

교육부 지정 중학 필수 어휘 🎧

정답 및 해설 p.06

nervous	형 불안해하는, 초조해하는
rough	형 1. 거친 2. 힘든, 골치 아픈
spill	동 흘리다, 쏟다 명 흘린 액체, 유출물
tend	동 ~하는 경향이 있다
explanation	명 1. 설명 2. 이유, 해명
blame	동 ~에 책임을 지우다, ~의 탓으로 돌리다 명 비난, 책망
positively	부 긍정적으로, 좋게

아래 해석을 참고하여 다음 각 빈칸에 적절한 단어를 위의 목록에서 골라 쓰세요. (동사의 시제와 명사의 수에 유의)

1 He _____ orange juice on his shirt. He was angry.

2 He _____ his sister for the broken glasses.

3 Restaurants _____ to be more crowded on weekends and holidays.

4 I was very _____. I was shaking.

5 The scientists tried to find a(n) _____ for the experiment's failure.

6 When you feel sad, it is important to think _____.

7 He was having a(n) _____ time after he closed his store.

해석 **1** 그는 자신의 셔츠에 오렌지 주스를 쏟았다. 그는 화가 났다. **2** 그는 깨진 유리를 여동생의 탓으로 돌렸다. **3** 레스토랑은 주말과 휴일에 더 붐비는 경향이 있다. **4** 나는 매우 불안했다. 나는 떨고 있었다. **5** 과학자들은 실험의 실패에 대한 이유를 찾으려고 애썼다. **6** 슬플 때는, 긍정적으로 생각하는 것이 중요하다. **7** 그는 가게를 닫은 후, 힘든 시간을 보내고 있었다.

하는 일마다 잘 풀리지 않고 계속 꼬일 때, 우리는 '머피의 법칙(Murphy's Law)'이라는 말을 쓰죠. 열심히 시험공부를 했는데 내가 빠뜨리고 안 본 부분에서만 시험 문제가 나온다든지, 새 카펫을 깔았는데 음료를 마시다 그 위에 spill 한다든지, 잼 바른 빵을 떨어뜨리면 항상 잼을 바른 면이 바닥을 향해 떨어진다든지, 세상 힘든 일들이 나에게만 연달아 일어나는 것처럼 느껴지는 상황에서 말이죠. 그렇다면 이런 법칙이 정말로 존재하는 걸까요? **머피의 법칙은 정말로 우리에게 불운을 가져다주는 나쁜 현상일까요?**

SEE THE NEXT PAGE! »

1   밑줄 친 spill에 해당하는 우리말을 쓰세요.

_____

2   굵게 표시한 부분과 일치하도록 아래 단어를 알맞게 배열하여 문장을 완성하세요.

Is Murphy's Law really a bad thing _____
_____? (brings / that / bad / us / luck)

교과서 지식 Bank

중2 수학 - 머피의 법칙과 확률

머피의 법칙은 우연히 일어난 일처럼 보이기 쉽지만, 사실은 확률에 따른 경우가 많답니다. 예를 들어, 마트에 세 개의 계산대가 있고 그 중 하나의 계산대에 줄을 섰다고 한다면, 내가 선 줄이 가장 빨리 줄어들 확률은 $\frac{1}{3}$이에요. 반면, 나머지 줄이 빨리 줄어들 확률은 $\frac{2}{3}$이지요. 따라서 확률 값을 비교해 보면, 내가 서지 않은 줄이 빨리 줄어드는 것은 자연스럽고 당연한 일이에요.

Murphy's Law isn't some mysterious or magical power. Here are some simple reasons why Murphy's Law seems to work. First, it's easy to make mistakes when we are nervous. For example, when you wear nice clothes in a rough situation like an important meeting, you might spill a drink on them if
5 you're nervous. Second, we tend to focus more on _____.
Even though there's an equal chance of something good or something bad, we easily forget the good but remember the bad. Moreover, we look for explanations when things go wrong. When life goes well, we simply enjoy it. But when things go badly, we search for reasons. You never wonder how you
10 got to school on time, but you need a reason for being late. Murphy's Law fills this reason.

You should realize there's no law which brings bad luck. Therefore, when negative things happen to you, don't blame Murphy's Law. Try to think positively instead!

🔍 **독해가 더 쉬워지는 Tip** ●●●

how + 주어 + 동사 : ~이(가) 어떻게 …하는지

*주로 방법을 나타내며 앞에 a[the] way가 생략된 형태예요.

I will explain **how I solved** the problem.
(내가 그 문제를 **어떻게 풀었는지** 설명할 게.)

He told me **how he could be** successful at a young age.
(그는 어린 나이에 **자신이 어떻게 성공할 수 있었는지**를 말해주었다.)

The scientist recorded **how the temperature changed** in the rainforest.
(그 과학자는 우림에서 **온도가 어떻게 변화했는지** 기록했다.)

1 **Which of the following is the best topic of the passage?**

① how Murphy's Law was made
② the reason why important things always go wrong
③ the law that brings good luck
④ real life examples of Murphy's Law
⑤ the reasons why people believe Murphy's Law

2 **Write T if the statement is true or F if it is false.**

(1) We make mistakes easily when we are confident. _____
(2) We easily forget the good but remember the bad. _____
(3) We try to find out the reason when things go wrong. _____

3 **Which of the following best fits in the blank?**

① our lives than others'
② negative things
③ positive things
④ the funny stories
⑤ famous people's stories

4 **Find the word in the passage which fits in the blanks (A) and (B).**

(1) My dad's ____(A)____ hands make me sad. He's worked very hard for our family.
(2) It is hard to make a decision in a ____(B)____ situation.

_____

5 **Find the word in the passage which has the given meaning.**

feeling afraid and worried

_____

mysterious 신비한, 기이한 / equal 같은 / realize 깨닫다, 알아차리다
선택지 어휘 3 negative 부정적인

교육부 지정 중학 필수 어휘

정답 및 해설 p.08

punish	동 (사람 · 죄를) 벌하다, 처벌하다
punishment	명 형벌, 처벌
imply	동 암시하다, 넌지시 비치다
challenge	명 도전 동 1. 도전하다 2. 이의를 제기하다
term	명 1. 용어, 말 2. (일정한) 기간, 기한 동 (특정한 용어로) 칭하다, 일컫다
valuable	형 1. 귀중한, 소중한 2. 값비싼
expense	명 지출, 비용
desire	명 욕구, 강한 소망 동 간절히 바라다, 원하다
worth	형 ~의 가치가 있는

아래 해석을 참고하여 다음 각 빈칸에 적절한 단어를 위의 목록에서 골라 쓰세요. (동사의 시제와 명사의 수에 유의)

1   When she said the floor was dirty, she was _____ that I should clean it.

2   She wasn't happy because she couldn't get what she _____ for her birthday.

3   The doctor used too many medical _____. I didn't understand any of them.

4   I wanted to buy a new laptop, but my dad told me to limit the _____ to $1,000.

5   The boys had to clean up the classroom as a _____ for getting into a fight.

6   She delivered some _____ advice on healthy diets in her class last weekend.

7   A picture is _____ a thousand words. You should see the beautiful night view.

8   Can I _____ you to a game of chess?

9   The role of prisons is to _____ people who break the law.

해석 1 그녀가 바닥이 더럽다고 말했을 때, 그녀는 내가 그것을 치워야 한다고 넌지시 비치고 있었다. 2 그녀는 생일선물로 간절히 바라던 것을 받지 못해 기쁘지 않았다. 3 그 의사는 의학 용어들을 너무 많이 사용했다. 나는 하나도 이해를 못 했다. 4 나는 휴대용 컴퓨터를 새로 사고 싶었지만, 아빠는 나에게 비용을 1,000달러로 제한하라고 말씀하셨다. 5 그 남자아이들은 싸움을 시작한 벌로 교실을 청소해야 했다. 6 그녀는 지난 주말 수업 중에 건강한 식단에 관한 소중한 조언을 했다. 7 한 장의 사진은 천 마디 말의 가치가 있다[천 마디 말보다 한 번 보는 게 더 낫다]. 너는 그 아름다운 야경을 봐야 한다. 8 너에게 체스 한 게임 도전해도 될까? 9 감옥의 역할은 법을 지키지 않는 사람들을 처벌하기 위한 것이다.

흰 코끼리를 본 적이 있나요? 불교에서는 흰 코끼리를 신성한 존재로 여겨요. 이것은 옛날에 석가모니(the Buddha)의 어머니 마야부인의 태몽 때문인데요. 석가모니가 태어나기 전에 마야부인은 상아 6개가 달린 흰 코끼리가 옆구리로 들어오는 꿈을 꿨다고 해요. 그래서 흰 코끼리는 신성한 존재가 되었고, 다른 코끼리들과 달리 어떤 일도 시키지 않았다고 합니다. 특히 불교 국가인 태국에서는 흰 코끼리를 국가의 수호신으로 여긴다고 하는데요. 이렇게 _____한 흰 코끼리는 또 다른 놀라운 의미를 가지고 있어요.

SEE THE NEXT PAGE! ≫

1 빈칸에 들어갈 말로 가장 적절한 것을 고르세요.

① beautiful   ② expensive   ③ valuable   ④ famous

2 이 글의 내용과 일치하도록 아래 단어를 알맞게 배열하여 문장을 완성하세요.

> In Thailand, _____,
> a white elephant is a guardian god. (the Buddha / where / in / believe / people)

교과서 지식 Bank

중2 국어 - 다의어

하나의 단어가 두 가지 이상의 의미를 가지고 있을 때 그 단어를 다의어라고 해요. 예를 들어, '눈'은 겨울에 하늘에서 내리는 눈을 가리키기도 하고, 우리의 신체 부위 중 일부를 가리키기도 하지요. 위의 '흰 코끼리'는 비록 한 단어는 아니지만 두 가지 의미를 가진 말이에요.

In ancient times, the kings of Thailand sometimes used white elephants to punish people. When a Thai king was not happy with a member of the royal court, he would give him a white elephant. (①) But a white elephant was more of a punishment than a gift. (②) Keeping a white elephant cost a lot.

5 (③) The owner had to provide food and take good care of it because it was from the king. (④) A white elephant eats about 180~270 kg of food a day and lives for 70 years on average. (⑤) If it died of any causes other than a natural death, the owner would encounter problems because it implied he was challenging the king.

10 You can use the term "white elephant" in two different ways. It refers to something valuable that causes only _____ for its owner. Just like the white elephant in ancient times in Thailand, the expense of keeping it is too much, while there's no use for it. The term also means something that is not desired by its owner, but may be worth more to others. For example, at 15 "white elephant parties," people give unwanted gifts from their own houses to each other.

🔍 독해가 더 쉬워지는 **Tip** ••

more of A than B : B라기보다는 A

That is **more of a guideline than a rule**.
(그것은 **규칙이라기보다 지침**이다.)

refer to A : A를 언급하다; A를 나타내다[가리키다]

Hanok **refers to a traditional Korean-style house**.
(한옥은 **전통 한국식 가옥을 가리킨다**.)

1   **Which of the following is the best topic of the passage?**

① a tradition of exchanging white elephants

② punishments from an ancient Thai king

③ how to deal with unwanted gifts from others

④ how to take care of a white elephant

⑤ the meaning and origin of the term "white elephant"

2   **Which of the following is NOT true according to the passage?**

① In the past, people often gave each other white elephants.

② It cost a lot to keep a white elephant because it ate a lot.

③ The owner didn't get in trouble when a white elephant died a natural death.

④ "White elephant" means a thing that is useless or unwanted.

⑤ People exchange gifts at "white elephant parties."

3   **Where would the following sentence best fit?**

> You might think any gift from a king would be good.

①   ②   ③   ④   ⑤

4   **Which of the following best fits in the blank?**

① result   ② quality   ③ trouble   ④ culture   ⑤ benefit

5   **Fill in the blanks (A) and (B) with the words from the passage.**

> In ancient times, Thai kings gave white elephants as a _____(A)_____.
> Since then, the term has been used to describe something that
> costs too much to keep and is useless. A white elephant can
> also be something that is _____(B)_____ by its owner, but may be
> valuable to others.

(A): _____   (B): _____

ancient 고대의 / royal court 궁정, 왕실 / more of A than B B라기보다는 A / provide 제공하다, 공급하다, 주다 / take care of ~을 돌보다 / on average 평균적으로 / other than ~이 아닌, ~ 이외의 / natural death (연령에 의한) 자연사 / encounter (위험·곤란 등에) 부닥치다, 맞닥뜨리다 / refer to A A를 나타내다[가리키다] / unwanted 원치 않는

Chapter 08

What to Read	**교과 과정 연계**

What to Learn	**독해가 더 쉬워지는 Tip**
어두운 밤에도 안전하고 편리하게 생활할 수 있도록 해주는 인공조명은 과연 좋기만 할까요?	**big deal**
프랑스 혁명을 기념하는 바스티유 데이는 어떤 의미가 있는지, 언제 시작되었는지 알아봐요.	**go**
지금 우리 주변에서 쉽게 볼 수 있는 고무는 한 사람의 오랜 노력이 이룬 결실이랍니다.	**show off**
'인디아의 꽃'이라고도 불리는 아름다운 섬 몰디브가 사라지고 있다는 것을 알고 있나요?	**be likely to + 동사원형**

01

국어 ㅣ 읽기의 방법과 가치

야구장의 지지 않는 태양

교육부 지정 중학 필수 어휘

정답 및 해설 p.11

flash	통 비추다, 번쩍이다
	명 번쩍임
severe	형 1. 극심한, 심각한 2. (태풍·병 등이) 심한, 맹렬한
judge	명 1. 판사 2. 심판, 심사위원
	통 1. 판단하다, 여기다 2. 재판하다
deal	통 (카드 게임에서 카드를) 돌리다
	명 1. (양이) 많음, 다량 2. 거래(서), 합의 3. 일, 것
urban	형 도시의, 도회지의
rural	형 시골의, 지방의

아래 해석을 참고하여 다음 각 빈칸에 적절한 단어를 위의 목록에서 골라 쓰세요. (동사의 시제와 명사의 수에 유의)

1   After moving to a _____ area, he started to grow vegetables and fruits.

2   The guide _____ her light around the cave as she led the tour.

3   Losing by one goal is not a big _____. We can do better in the second half.

4   The pain in my back is very _____. I can't get up by myself.

5   There are many tall buildings in _____ areas.

6   Sometimes people _____ others only by their looks.

해석 1 시골 지역으로 이사한 후, 그는 채소와 과일을 재배하기 시작했다. 2 그 가이드는 관광 안내를 하면서 자신의 플래시로 동굴 주변을 비추었다. 3 한 골 차이로 지고 있는 것은 큰 일이 아니다. 우리는 후반전에 더 잘할 수 있다. 4 내 허리 통증은 정말 심하다. 나는 혼자서 일어설 수 없다. 5 도시 지역에는 높은 건물들이 많이 있다. 6 가끔, 사람들은 다른 사람들을 외모로 판단한다.

전구가 처음 발명된 이후, 인공조명 덕분에 인류는 밤에도 안전하고 편리하게 생활할 수 있게 되었어요. 하지만 인공조명이 항상 고맙기만 한 것은 아니랍니다. 거리에 정신없이 <u>flash</u>하는 네온사인 조명, 밤에 주변 건물에서 들어오는 밝은 빛과 같이 과도한 인공조명은 공해가 되어 우리에게 불편을 주기도 해요. 빛 공해(light pollution)는 인공조명이 너무 밝거나 많아서 밤에도 낮처럼 밝은 상태가 유지되는 현상을 말해요. 밤하늘의 별을 관측하기 어려워진 것 또한 빛 공해로 인해 우리가 빼앗긴 즐거움 중 하나라고 할 수 있죠.

SEE THE NEXT PAGE! »

1 **밑줄 친 flash에 해당하는 우리말을 고르세요.**

① 게시하다   ② 비추다   ③ 전시하다

2 **이 글의 내용과 일치하면 T, 그렇지 않으면 F를 쓰세요.**

(1) 인공조명은 인류에게 많은 도움을 주었다.   _____

(2) 빛 공해란 과도한 인공조명으로 낭비되는 에너지를 말한다.   _____

(3) 인공조명 때문에 밤에도 낮처럼 밝은 상태가 유지되기도 한다.   _____

교과서 지식
Bank

중3 국어 - 누가 별들을 훔쳐갔나

「누가 별들을 훔쳐갔나」라는 논설문은 빛의 과잉 사용에 반대하는 스페인의 시위와 그 시위대의 의견을 수용한 스페인 정부의 사례를 소개하며 빛의 과잉 사용으로 인한 문제점을 지적하고, 밤에 불필요한 빛의 사용을 줄여야 한다는 주장을 하는 글이랍니다. 글의 내용이 논리적으로 전개되어 다른 나라의 예를 통해 빛 공해는 세계적인 문제라는 것을 알 수 있어요.

"The sun shines bright even at night," says a student who lives next to the KIA Tigers baseball stadium in Gwangju, Korea. (①) People living near the stadium cannot fall asleep when there is a baseball game. It is because of the light from the stadium. At times, lights as bright as the sun flash onto the
5　village. How bright is it? (②) People in the town say that sometimes the lights are still on even after midnight, so they have severe sleeping problems. Students also complain that they cannot concentrate on their studying because of the bright lights. (③)

Some people might judge that light pollution is not a big deal because they
10　think the effects are not as bad as those of water or air pollution. They also might think that only a small number of people living in urban areas suffer from light pollution. (④) However, people in rural areas also suffer from light pollution, and it is now a big concern for the whole country. More than 3,000 cases of light pollution are reported every year in Korea. (⑤) Studies
15　show that it has a negative influence on not only people's health but also the growth of plants and animals.

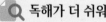 독해가 더 쉬워지는 **Tip** ••

big deal : 대단한 것, 중대한 사건

It might be nothing to you, but getting into that school was a **big deal** for me.
(너에게는 아무 일도 아닐 수도 있지만, 그 학교에 입학하는 것은 나에게 **대단한 것**이었다.)

She always makes a **big deal** out of small things.
(그녀는 항상 작은 일을 **중대한 사건**으로 만든다.)

1 **Which of the following is the best title of the passage?**

① The Main Causes of Light Pollution
② Ways to Save Electricity by Reducing Light Pollution
③ Serious Effects of Sleeping Problems
④ The Seriousness of Bright Lights
⑤ How to Solve the Problem of Light Pollution

2 **Which of the following is NOT true according to the passage?**

① People living near the stadium have sleeping problems.
② Sometimes the light from the stadium shines after midnight.
③ The students can study more because of the bright lights.
④ Some people think light pollution is not serious.
⑤ Light pollution also affects plants and animals.

3 **Where would the following sentence best fit?**

According to some research, it is twice as bright as other villages.

①   ②   ③   ④   ⑤

4 **Which of the following has the same meaning as "judge" in the paragraph?**

(a) The man in the newspaper will judge a case in court.
(b) Sometimes I judge a book by its cover. If I like the cover, I just think it's good.

stadium 경기장 / midnight 자정 / complain 불평하다 /concentrate 집중하다 / pollution 오염, 공해 / big deal 대단한 것, 중대한 사건 / effect 영향 / suffer from ~으로 고통받다 / concern 우려, 걱정 / whole 전체[전부]의 / case 사례, 경우 / report 보고하다 / negative 부정적인, 비관적인 / influence 영향 / growth 성장
선택지 어휘 4 court 법정

교육부 지정 중학 필수 어휘 🎧

정답 및 해설 p.13

revolution	명 혁명
noble	형 고귀한, 귀족의 명 귀족, 상류층
unfair	형 부당한, 불공평한
approve	동 ① 《~ of》 **찬성하다** 2. 승인하다, 허가하다
protest	명 항의, 시위 동 항의하다 ※ **protest against** ~에 대해서 항의하다
democracy	명 민주주의
govern	동 (국가를) **통치하다, 다스리다**
proud	형 자랑스러워하는, 자랑스러운

아래 해석을 참고하여 다음 각 빈칸에 적절한 단어를 위의 목록에서 골라 쓰세요. (동사의 시제와 명사의 수에 유의)

1   The citizens _____ against the new law throughout the day.

2   The president _____ the country wisely, and the people respected him.

3   She put the trophy on the wall because she was so _____ of it.

4   It was _____. I got a notebook while my brother got a new computer.

5   Our country is based on _____. Everyone has the same rights.

6   She _____ of my decision to go to school in Germany.

7   After the _____, all the citizens got freedom.

8   Only _____ were allowed to enter the palace in the 1800s.

해석 1 그 시민들은 종일 새로운 법에 대해서 항의했다. 2 그 대통령은 현명하게 나라를 통치했고 국민들은 그를 존경했다. 3 그녀는 너무 자랑스러워서 트로피를 벽에 걸어 놓았다. 4 그것은 불공평했다. 나는 공책을 받았는데 내 남동생은 새 컴퓨터를 받았다. 5 우리나라는 민주주의를 기반으로 한다. 모두가 같은 권리를 갖고 있다. 6 그녀는 독일에 있는 학교로 가겠다는 나의 결정에 찬성했다. 7 혁명이 끝난 후, 모든 시민은 자유를 얻었다. 8 1800년대에는 귀족들만이 궁전에 들어가는 것이 허용되었다.

프랑스 혁명 기념일(Bastille Day)은 1789년부터 1794년 사이에 일어난 프랑스 혁명(French Revolution)을 기념하는 날이에요. 프랑스의 재정이 악화되어 귀족과 성직자들도 세금을 내야 할 상황에 처했고 이들은 반발했어요. 그래서 국왕 루이 16세(Louis XVI)는 삼부회를 소집했어요. 삼부회는 성직자, 귀족, 그리고 평민 대표가 모여 중요 사안을 논의하는 모임이었는데, 이곳에서 왕은 평민들이 투표하지 못하게 문을 걸어 잠가버렸어요. 그러자 이에 화가 난 시민들이 따로 국민 의회를 결성하고, 이 사실을 안 루이 16세(Louis XVI)가 국민 의회를 무력으로 해산시키려 했어요. 그러자 그동안 unfair한 왕정에 불만이 쌓여 있던 프랑스 시민들이 혁명을 일으킨 것이지요. 프랑스 혁명은 절대왕정을 비롯한 구제도의 모순을 없애고 시민 계급이 정치 권력을 잡는 계기가 되었어요.

SEE THE NEXT PAGE! ≫

1 밑줄 친 unfair에 해당하는 우리말을 쓰세요.

_____

2 이 글의 내용과 일치하면 T, 그렇지 않으면 F를 쓰세요.

(1) 프랑스의 재정이 악화되자 성직자들은 삼부회를 소집했다. _____

(2) 왕은 삼부회에서 귀족들이 반발하지 못하게 문을 잠갔다. _____

(3) 프랑스 혁명은 구제도의 모순을 없앴다. _____

교과서 지식 Bank

중학 역사2 - 프랑스의 신분제도

프랑스 혁명 전의 프랑스 사회는 세 개의 신분층으로 이루어져 있었어요. 제1신분은 성직자, 제2신분은 귀족으로 여러 혜택을 누렸어요. 이에 비해 시민, 농민, 수공업자, 소상인 등 프랑스 국민 대부분을 지칭하는 제3신분은 무거운 과세의 대상이면서 참정권이 없었고 지위 보장도 되지 않았지요. 이러한 신분 제도의 모순은 프랑스 혁명의 발발 원인이 되었어요.

France celebrates Bastille Day on July 14th. (①) On Bastille Day, people remember the end of the French Kingdom and the beginning of the French Revolution.

The French Revolution began because people were mad at their king and queen. (②) They didn't take care of their country or their people. Even though people outside the castle went hungry and poor, their careless king and queen enjoyed parties with rich nobles. People thought that it was unfair and planned an attack on the Bastille prison.

The Bastille was a symbol of the kingdom because the king and queen had been locking up people in the Bastille who didn't approve of their decisions. (③) On July 14, 1789, a crowd of angry people attacked the Bastille prison and continued to protest against the kingdom for the next 5 years. _____, the kingdom was ended by its people. (④) The French Revolution was a turning point for democracy that showed how a country should be governed.

In 1880, Bastille Day became a national holiday in France. (⑤) Today, people in France enjoy big fireworks shows, parades, bands, and dances to celebrate their proud history!

*Bastille Day 프랑스 혁명 기념일

🔍 **독해가 더 쉬워지는 Tip** ••••••••••••••••••••••••••••••••••

상태의 변화를 나타내는 동사 go

'~하게 되다'를 의미하며 뒤에 형용사를 보어로 취하는 동사예요.
*become, grow, get, turn 등도 상태의 변화를 나타내는 동사랍니다.

I don't know what **went** wrong. Until yesterday, she looked fine to me.
(나는 무엇이 잘못되었는지 모르겠어. 어제까지 그녀는 괜찮아 보였거든.)

He had to get off his bike because the tired **went** flat.
(그 타이어에 바람이 빠졌기 때문에 그는 자신의 자전거에서 내려야 했다.)

The food **went** bad. Don't eat it, or you will get sick.
(그 음식은 상하게 되었다. 그것을 먹지 마라. 그렇지 않으면 너는 속이 안 좋을 것이다.)

1 **Which of the following is the best topic of the passage?**

① how people in France celebrate Bastille Day

② a symbol of the French Kingdom

③ the greatest king of the French Kingdom

④ the birth of Bastille Day

⑤ the protest against democracy in France

2 **Which of the following is NOT true according to the passage?**

① On July 14th people remember the French Revolution.

② People were mad at the French Kingdom.

③ In the Bastille prison the king locked up nobles who enjoyed parties.

④ After the attack on the Bastille prison, the protest went on for five years.

⑤ The French Revolution turned the nation into a democracy.

3 **Where would the following sentence best fit?**

King Louis XVI and Queen Marie Antoinette were not a good king and queen at all.

①   ②   ③   ④   ⑤

4 **Which of the following best fits in the blank?**

① However   ② Finally   ③ In addition

④ In other words   ⑤ Similarly

5 **Find the word in the passage which has the given meaning.**

to like something and agree with it

_____

celebrate 기념하다, 축하하다 / mad 몹시 화가 난 / take care of ~을 돌보다 / even though 비록 ~일지라도 / careless 무심한, 무관심한 / attack 공격; 공격하다 / prison 감옥 / lock (A) up (A를) 가두다 / decision 결정 / crowd 군중, 무리 / turning point 전환점 / firework 불꽃놀이 / parade 퍼레이드

교육부 지정 중학 필수 어휘 🎧

정답 및 해설 p.15

attempt	명 시도 동 시도하다	
eventually	부 결국, 마침내	
jail	명 교도소, 감옥 동 투옥하다, 수감하다	
eager	형 열렬한, 간절히 바라는	
stove	명 스토브, 난로	
examine	동 검사하다, 살펴보다	
extreme	형 극도의, 극심한	
crack	동 1. 깨지다, 갈라지다 2. 깨뜨리다, 갈라지게 하다 명 (무엇이 갈라져서 생긴) 금	

아래 해석을 참고하여 다음 각 빈칸에 적절한 단어를 위의 목록에서 골라 쓰세요. (동사의 시제와 명사의 수에 유의)

1 She studied 5 hours every day for a month. She _____ got a perfect score.

2 Last night, the police carefully _____ the crime scene.

3 My mom baked some bread with the _____ in our kitchen.

4 She was so _____ to go on the trip that she couldn't even sleep.

5 The _____ cold weather in the country caused many people's deaths.

6 The thief was caught and put in _____ for his crime.

7 The hamster _____ to get out of the box, but he failed.

8 The egg started to _____. Soon a baby chicken came out of the shell.

해석 1 그녀는 한 달간 매일 5시간씩 공부했다. 그녀는 <u>마침내</u> 만점을 받았다. 2 어젯밤, 그 경찰은 조심스럽게 범죄 현장을 <u>살펴봤다</u>. 3 엄마는 우리 주방에 있는 <u>스토브</u>로 빵을 구우셨다. 4 그녀는 여행 가는 것을 너무나 간절히 바랐던 나머지 잠조차 잘 수 없었다. 5 그 나라의 <u>극심한</u> 추운 날씨는 많은 사람들의 죽음의 원인이 되었다. 6 그 도둑은 잡혔고 그의 죄로 인해 <u>교도소에</u> 수감되었다. 7 그 햄스터는 상자에서 나오려고 <u>시도했지만</u> 실패했다. 8 그 알은 <u>갈라지기</u> 시작했다. 머지않아 새끼 병아리가 껍질 밖으로 나왔다.

지우개, 머리끈, 자동차 타이어 등 우리가 흔히 쓰는 물건들 중에는 고무로 만들어진 것들이 참 많아요. 천연고무는 고무나무에서 나오는 수액을 굳혀 만드는데요. **천연고무가 처음으로 인기를 끌기 시작한 것은 1830년대 초반이었어요.** 하지만 얼마 못 가 인기는 시들해지고 말아요. 겨울에는 쉽게 얼어서 crack하고, 여름에는 녹아 끈적끈적해지는 성질 때문이었어요. 이런 고무를 이용하기 쉽게 끊임없이 연구한 사람이 있었는데, 바로 미국의 찰스 굿이어(Charles Goodyear)라는 발명가였답니다. 그의 성공 덕분에 우리는 지금 훨씬 더 편리하게 고무를 이용할 수 있게 되었다고 해요.

SEE THE NEXT PAGE! »

1 굵게 표시한 부분과 일치하도록 아래 단어를 알맞게 배열하여 문장을 완성하세요.

It was in the early 1830s that _____
_____. (become / natural / popular / to / started / rubber)

2 밑줄 친 crack에 해당하는 우리말을 고르세요.

① 사라지다   ② 깨지다   ③ 단단해지다   ④ 검사하다

교과서 지식 Bank

중3 과학 - 과학자들의 끈질긴 노력

과학자들은 끊임없이 연구하며 인류의 발전을 위해 노력하고 있어요. 그중 치명적인 전염병을 치유하기 위해 자신의 아이에게 실험까지 한 영국 의사 제너(Edward Jenner)에 대해 들어본 적 있나요? 그는 1796년 우두(소의 급성 전염성 질병)에 감염된 사람들은 천연두에 걸리지 않는다는 이야기를 듣고 과학적인 가설을 세워 자신의 정원사의 아들을 대상으로 실험했어요. 실험은 성공적이었지만 왕립학회에서는 그의 실험 결과 논문을 거절했지요. 이후에도 포기하지 않고 자신의 11개월이 된 아들을 포함한 여러 아이들을 실험한 후, 마침내 1798년 그의 논문은 출판되었답니다.

Charles Goodyear was born in 1800 in Connecticut. He left home at the age of 14 to learn the hardware business. (①) After he came back home, he ran a hardware store with his father, but it didn't go well. In 1830, he became interested in natural rubber. After that, he spent years attempting to
5 solve rubber's problems. Goodyear tried many things to remove rubber's stickiness, but all of them failed. (②) His experiments cost a lot and pushed his family into debt. Eventually, he was even put in jail because of his debts. But even in prison, Goodyear didn't give up his goal. People called him a madman.

10 After being released from prison, he tried again. (③) He walked into a store to show off his rubber products. (④) But he was so eager that he dropped them! They landed on a hot stove and were burned a little bit. When he examined them, he realized the burned part didn't melt in extreme heat. He also tested it in freezing temperatures, and it didn't crack. (⑤) He finally produced a useful type of rubber, and it was all by mistake.

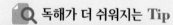 독해가 더 쉬워지는 **Tip** •

show off : ~을 자랑하다, 과시하다

The boy **showed off** his new shoes to friends.
(소년은 친구들에게 자신의 새 신발을 **자랑했다**.)

The actress **shows off** her fame and talent too much.
(그 여배우는 자신의 명성과 재능을 너무 많이 **과시한다**.)

1 **Which of the following is the best title of the passage?**

① The Many Uses of Rubber
② How to Manage a Rubber Business
③ The Importance of Repeating Experiments
④ A Useful Invention Made by Accident
⑤ The Tough Life of Charles Goodyear

2 **Which of the following is NOT true according to the passage?**

① 찰스 굿이어는 아버지와 철물점을 운영했다.
② 찰스 굿이어는 14살 때 천연고무에 흥미가 생겼다.
③ 천연고무의 끈적끈적함은 제거하기 어려웠다.
④ 찰스 굿이어는 빚을 갚지 못해 교도소에 수감된 적이 있다.
⑤ 찰스 굿이어는 미친 사람이라고 불리기도 했다.

3 **Where would the following sentence best fit?**

He tried to explain how to use them to the shop owner.

①   ②   ③   ④   ⑤

4 **What did Goodyear realize when he dropped his rubber on the stove? Write the answer in Korean.**

_____.

5 **Place the sentences below in the right order of time.**

A. Charles Goodyear tried to solve rubber's problems.
B. Charles Goodyear tested his products in freezing temperatures.
C. Charles Goodyear left home to learn the hardware business.
D. The rubber products fell onto a hot stove and got burned a little.
E. His debts got bigger as Charles kept experimenting with rubber.

(   ) – (   ) – (   ) – (   ) – (   )

hardware 철물 / run 운영하다 / rubber 고무 / remove 제거하다 / stickiness 끈적거림 / experiment 실험 / cost (값·비용이) ~들다[이다] / debt 빚 / give up 포기하다 / madman 미친 사람 / release 석방하다 / show off ~을 자랑하다, 과시하다 / land 착륙하다, 떨어지다 / realize 깨닫다, 알아차리다 / melt 녹다 / freeze 얼다 / mistake 실수

04 사라지고 있는 섬 몰디브

교육부 지정 중학 필수 어휘 🎧

정답 및 해설 p.17

wipe	동 1. 닦다, 닦아 내다 **2. 지우다, 지워 버리다**	
claim	동 1. **주장하다** 2. 청구하다, 요구하다	
phenomenon	명 현상	
surround	동 둘러싸다, 에워싸다	
fate	명 운명	
disaster	명 참사, 재앙	
treasure	명 보물, 대단히 귀중한 것 동 대단히 귀하게 여기다 ※ treasured 형 소중한	

아래 해석을 참고하여 다음 각 빈칸에 적절한 단어를 위의 목록에서 골라 쓰세요. (동사의 시제와 명사의 수에 유의)

1 My mom _____ the dirt from my white shirt.

2 The plane crash was one of the worst _____ in history.

3 My grandmother is very sad because she lost her _____ necklace.

4 The neighborhood was _____ by fields of flowers.

5 We do not know the _____ of the rabbit that escaped from the tiger.

6 A rainbow is a natural _____ that happens sometimes after rain.

7 The boy _____ that he went to the library, but he was in the playground.

해석 1 엄마는 내 하얀 셔츠에 묻은 때를 지워 주셨다. 2 그 비행기 사고는 역사상 최악의 참사 중 하나이다. 3 우리 할머니는 소중한 목걸이를 잃어버려서 매우 슬프시다. 4 그 동네는 꽃밭으로 둘러싸여 있었다. 5 우리는 호랑이에게서 도망친 그 토끼의 운명에 대해 알지 못한다. 6 무지개는 비 온 후에 가끔 일어나는 자연 현상이다. 7 그 소년은 도서관에 갔다고 주장했지만, 그는 놀이터에 있었다.

몰디브(Maldives)는 인도양 중북부에 있는 섬나라로, 탐험가 마르코 폴로는 이곳의 아름다운 풍경에 반해 '인디아의 꽃'이라는 별칭을 붙이기도 했다고 해요. 바닥이 훤히 들여다보이는 맑은 바다와 하얀 모래로 뒤덮인 해수욕장은 많은 사람들이 꿈꾸는 휴양지이기도 하지요. 1,192개의 섬으로 이루어진 몰디브는 각각의 섬들이 푸른 바다와 조화를 이루어 다른 곳에서는 볼 수 없는 아름다운 경치를 만들어줘요. 자연을 훼손하지 않고 보존하는 환경 친화 개발 정책을 펴고 있기 때문에 자연 그대로의 모습을 유지하고 있답니다. **몰디브의 바다에는 약 1,000여 종의 여러 바다 생물들이 살고 있어요.** 이곳에서 바다거북이나 초대형 가오리도 쉽게 볼 수 있다고 하니 한 번쯤 가보고 싶죠? 하지만 이렇게 아름다운 몰디브가 지도에서 사라지게 될 <u>fate</u>라고 해요.

SEE THE NEXT PAGE! ≫

1 굵게 표시한 부분과 일치하도록 아래 단어를 알맞게 배열하여 문장을 완성하세요.

There are ＿＿＿＿＿＿＿＿＿＿＿＿＿＿＿＿＿＿
＿＿＿＿＿＿＿＿＿＿＿ living in the ocean surrounding the Maldives. (sea / kinds / 1,000 /animals / different / about / of)

2 밑줄 친 fate에 해당하는 우리말을 쓰세요.

＿＿＿＿＿＿＿＿＿＿

교과서 지식 Bank

중학 사회2 - 온실 효과

온실의 유리나 비닐은 태양의 복사 에너지를 통과시키고 지표면의 복사 에너지를 차단해 온실의 온도를 높이는 역할을 하지요. 수증기, 이산화탄소, 메탄 등의 기체도 온실의 유리나 비닐처럼 대기와 지표면의 온도를 높이는 역할을 해요. 이러한 작용을 온실 효과라고 하고, 온실 효과를 일으키는 기체를 온실가스라고 합니다.

According to researchers, the Maldives won't exist in the future or simply won't look the same as it does now. At about one and a half meters above sea level, the Maldives is the lowest country on Earth. "Because most of the islands in the Maldives are less than a meter to two meters above sea level, it is likely to be sunk under the ocean and wiped from the map soon," claimed the researchers.

This phenomenon is due to global warming and climate change: as greenhouse gases increase, the average temperature of the Earth gets hotter. This makes glaciers melt, adding extra water to the oceans that surround them. As sea levels rise, low islands, like the Maldives — along with the Arctic and Italy's Venice — could soon meet an unhappy fate. "_____," Maldives President Mohamed Nasheed told *National Geographic* in a serious voice.

In order to prevent disaster and preserve the islands, local offices and businesses have been supporting plans to make the place more environment-friendly. To protect these treasured islands for our next generation, it is our responsibility to think about the environment first.

*greenhouse gas 온실가스

**glacier 빙하

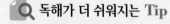

🔍 독해가 더 쉬워지는 **Tip** ••

be likely to + 동사원형 : ~할 것 같다, 가능성이 있다

There is a lot of traffic tonight. She **is likely to be** late for the movie.
(오늘 밤에 교통이 혼잡하다. 그녀는 영화에 늦을 **것 같다**.)

John **is** most **likely to be** elected as the class president.
(존이 학급 반장으로 선출될 **가능성이** 제일 크다.)

1 **Which of the following is the best topic of the passage?**

① the results of global warming
② how to save the Maldives
③ countries that are going to disappear soon
④ the Maldives, the most beautiful islands on the planet
⑤ how global warming threatens the low islands

2 **Which of the following is mentioned in the passage? Choose two.**

① the meaning of "Maldives"
② why sea levels have been rising
③ the population of the Maldives
④ the most popular place in the Maldives
⑤ the name of Maldives' president

3 **Which of the following best fits in the blank?**

① Welcome to the most beautiful place on earth
② It is not easy to protect our tradition.
③ We have the world's best hotels and resorts
④ For us, climate change is real
⑤ There are less and less tourists enjoying water leisure activities.

4 **Which of the following has the closest meaning to the underlined "meet an unhappy fate"?**

① suffer from storms   ② sink into the sea
③ become more dangerous   ④ lose their beauty
⑤ get less popular

5 **Find the word which fits in the blanks (A) and (B) from the passage.**

(1) The boy ____(A)____ his bike because the bike was a gift from his parents.
(2) Some people keep their ____(B)____ things locked in a box.

---

researcher 연구원 / exist 존재하다 / be likely to ~할 것 같다 / due to ~때문에 / global warming 지구 온난화 / climate 기후 / temperature 온도, 기온 / extra 추가의 / Arctic 북극 / prevent 막다 / preserve 보존하다, 지키다 / support 지원하다 / environment-friendly 환경 친화적인 / generation 세대 / responsibility 책임, 책무
선택지 어휘 1 threaten 위협하다   2 population 인구

Chapter 09

What to Learn

빙하로 뒤덮인 산과 온대우림을 함께 볼 수 있는 올림픽 국립공원에 대해 자세히 알아볼까요?

아주 자그마한 곤충인 흰개미가 인도를 떠들썩하게 만든 사건이 있었답니다.

'백의의 천사' 나이팅게일에게는 우리가 잘 모르는 또 다른 면모가 있었다고 하는데요. 과연 무엇이었을까요?

가깝지만 갈 수 없는 곳 북한, 그곳의 학생들은 졸업 후 어떻게 진로를 선택하는지 알아봐요.

독해가 더 쉬워지는 Tip

while (주어 + 동사) -ing

It turns out (that) + 주어 + 동사

prefer to + 동사원형
prefer A to B
prefer A to + 동사원형

교육부 지정 중학 필수 어휘 🎧

정답 및 해설 p.20

territory	몡 지역, 영토
rapid	혱 빠른
remain	동 1. 계속 ~이다 2. 남다
individual	혱 각각의, 개인의 몡 1. 개인 2. 사람
incredible	혱 놀라운, 대단한
constant	혱 끊임없는, 지속적인
struggle	동 애쓰다 몡 노력, 투쟁

아래 해석을 참고하여 다음 각 빈칸에 적절한 단어를 위의 목록에서 골라 쓰세요. (동사의 시제와 명사의 수에 유의)

1   He _____ in the classroom to go over what he'd learned that day.

2   Hong Kong is a small _____ in China and was once ruled by England.

3   His _____ to take back his country will forever be remembered in history.

4   The _____ growth of the country made it famous around the world.

5   Her _____ exercising kept her healthy.

6   The show was _____. It was fun, sad, and also very touching.

7   The _____ who are going to the camp need to get signatures from their parents.

해석 1 그는 그날 배운 것을 한 번 더 확인하기 위해서 교실에 남았다. 2 홍콩은 중국에 있는 작은 지역이며, 한때 영국의 지배를 받았다. 3 나라를 되찾기 위한 그의 노력은 역사에 영원히 기억될 것이다. 4 그 나라의 빠른 성장은 세계에서 그것을 유명하게 만들었다. 5 그녀의 지속적인 운동은 자신을 건강하게 했다. 6 그 쇼는 놀라웠다. 그것은 재미있고, 슬프고, 또한 매우 감동적이었다. 7 캠프에 가는 사람들은 부모님의 사인을 받아와야 한다.

빙하로 뒤덮인 산을 머릿속에 떠올려보세요. 생각만 해도 서늘하고 춥지 않나요? 그런데 바로 그곳에 온대우림이 있다면 어떨까요? 미국 워싱턴 주에는 빙하로 덮인 산과 온대우림을 함께 볼 수 있는 올림픽 국립공원(Olympic National Park)이 있어요. 1938년에 국립공원으로 지정되었고, 1981년에는 유네스코가 지정한 세계유산으로 등재되어 공원을 보존하기 위해 많은 노력을 쏟고 있는데요. 올림픽 국립공원에서는 해안선에서부터 온대우림, 고산초원, 그리고 빙하로 뒤덮인 산봉우리까지 여러 territory를 한 번에 볼 수 있어요. 공원 안에서도 장소에 따라 온도, 습도, 강수량이 다르기 때문에 정말 다양한 야생식물과 동물들이 서식할 수 있는 것이지요. **이 공원 안에 있는 호 레인포레스트(Hoh Rainforest)는 미국에서 가장 큰 우림 중 하나랍니다.**

SEE THE NEXT PAGE! »

1 밑줄 친 territory에 해당하는 우리말을 쓰세요.

_____

2 굵게 표시한 부분과 일치하도록 아래 단어를 알맞게 배열하여 문장을 완성하세요.

The Hoh Rainforest inside this park is _____
_____. (in / the / largest / of / America / rainforests / one)

교과서 지식 Bank

중학 사회2 - 쾨펜의 기후 구분

기후는 특정한 지역에서 여러 해에 걸쳐 나타난 날씨를 오랜 시간(보통 30년) 동안 관찰하여 나타낸 특징을 말해요. 기후는 사람들의 생활 방식을 결정하는 데 매우 중요한 영향을 미치며, 각 지역마다 살 수 있는 동물과 식물의 종류에도 영향을 줘요. 세계 각 지역의 기후는 다양한 요인에 따라 다르게 나타나는데요, 독일의 기후학자 쾨펜은 식생이 자라는 데 영향을 주는 기온, 강수량 등을 기준으로 기후를 나누었는데 이것이 현재 가장 널리 쓰이는 기후 구분이랍니다.

The rainforest regions in Olympic National Park are in the park's western territories. They are temperate rainforests. A temperate rainforest gets a lot of rain, more than 150 centimeters a year. Because of all the rain and fog, there is a lot of moisture in the air. The average temperature is about 4 to 12°C. The Hoh Rainforest in Olympic National Park gets 380 centimeters of rainfall on average every year. It is an excellent environment for trees to achieve rapid growth and large sizes.

Then why are there temperate rainforests in Olympic National Park? The wet air from the ocean remains in the rainforests because there are mountains around them. Those mountains keep the area not too cold or hot.

So, visitors can see many different kinds of animals and plants in the park. _____, the individuals who visit the park can do activities such as hiking and boat tours while enjoying the incredible wilderness. However, there has been a constant struggle to preserve the place. For example, the park limits the number of visitors a day to protect the environment.

*temperate rainforest 온대우림

 독해가 더 쉬워지는 **Tip** ••••••••••••••••••••••••••••••••

While (주어 + 동사) -ing : ~하는 동안

You shouldn't eat **while you are using** the computer.
= You shouldn't eat **while using** the computer.
(너는 컴퓨터를 사용**하는 동안** 먹지 말아야 한다.)

He hurt his right foot **while he was playing** soccer.
= He hurt his right foot **while playing** soccer.
(그는 축구를 **하는 동안** 그의 오른쪽 발을 다쳤다.)

1 **Which of the following is the best topic of the passage?**

① how to get to the Hoh Rainforest

② why temperate rainforests are important

③ why it rains a lot in the Hoh Rainforest

④ what a perfect environment is for trees to grow

⑤ why the rainforest areas are special

2 **Which of the following is NOT true according to the passage?**

① The average rainfall in temperate rainforests is more than 150cm.

② The average temperature in the rainforests ranges from 4 to 12℃.

③ There is an ocean nearby the rainforests in Olympic National Park.

④ The mountains make the area very hot.

⑤ Visitors can enjoy a boat tour in the rainforests.

3 **Which of the following best fits in the blank?**

① For example   ② However   ③ In addition

④ On the other hand   ⑤ Instead

4 **Complete the summary by choosing the correct choice below for each blank.**

The rainforest area of Olympic National Park is a(n) (1) _____ place for trees to grow fast because it rains a lot. There are mountains around the rainforests, and this makes the moisture from the ocean (2) _____ in the park. Though visitors can enjoy activities like hiking, the park is trying hard to (3) _____ the environment.

① excellent   ② protect   ③ constant   ④ stay   ⑤ rapid

---

rainforest 열대우림 / **region** 영역 / **western** 서쪽의, 서쪽에 있는 / **moisture** 습기 / **average** 평균의 / **rainfall** 강우, 강우량 / **excellent** 뛰어난, 훌륭한 / **environment** 환경 / **achieve** 얻다 / **wilderness** 야생 / **preserve** 보존하다, 지키다 / **limit** 제한하다

교육부 지정 중학 필수 어휘 🎧

정답 및 해설 p.22

document	명 문서, 서류
safe	형 안전한 명 금고
secure	형 1. 안전한, 위험 없는 2. (건물 따위가) 튼튼한, 안정된 동 1. 확보하다 2. 안전하게 하다, 지키다
criminal	형 범죄의 명 범인, 범죄자
post	명 우편, 우편물 동 1. 발송하다, 부치다 2. 게시하다, 공고하다
indicate	동 나타내다, 가리키다
store	명 가게, 상점 동 (~에 대비하여) 저장하다, 보관하다
appreciate	동 1. 진가를 알다, 인정하다 2. 고맙게 생각하다, 감사하다

아래 해석을 참고하여 다음 각 빈칸에 적절한 단어를 위의 목록에서 골라 쓰세요. (동사의 시제와 명사의 수에 유의)

1   A group of thieves broke into the restaurant and stole everything from the _____.

2   Thank you very much! I really _____ your help.

3   The teacher _____ photographs of her students on the board.

4   My father bought a new alarm system to make our house more _____.

5   He forgot to bring important _____ to the meeting with his client.

6   He _____ a place on the map and said, "From here to there, it'll take about 15 minutes."

7   The _____ was caught by the police and put in prison.

8   Some animals _____ food for winter in the ground or tree trunks.

해석 1 한 무리의 도둑들이 식당에 침입해서 금고에서 모든 것을 훔쳤다. 2 대단히 고맙습니다. 도와주셔서 정말 감사해요. 3 선생님은 게시판에 자신의 학생 사진들을 게시했다. 4 우리 아빠는 우리 집을 더 안전하게 만들기 위해 새로운 비상경보 장치를 사셨다. 5 그는 자신의 고객과의 회의에 중요한 서류를 가져오는 것을 잊어버렸다. 6 그는 지도에 있는 한 장소를 가리키며 말했다. "여기서부터 그곳까지는 약 15분 정도 걸릴 거야." 7 그 범죄자는 경찰에게 붙잡혔고 교도소에 갇혔다. 8 어떤 동물들은 겨울을 위해 음식을 땅속이나 나무의 몸통 안에 저장한다.

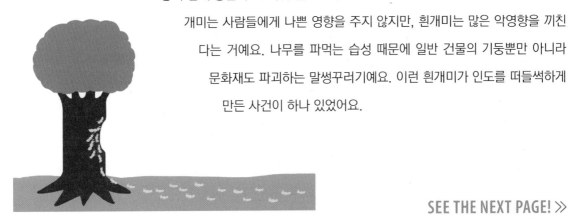

흰개미(white ant)에 대해 들어본 적이 있나요? 생김새가 개미와 비슷해 이름에도 '개미'가 들어가 있지만, 사실 이 둘은 아주 다르다고 해요. 개미는 여왕개미 한 마리가 개미 사회를 이끌지만, 흰개미는 여왕과 왕이 함께 통솔하죠. **이것 말고도 두 개체 간에는 또 다른 차이점이 하나 있어요.** 개미는 사람들에게 나쁜 영향을 주지 않지만, 흰개미는 많은 악영향을 끼친다는 거예요. 나무를 파먹는 습성 때문에 일반 건물의 기둥뿐만 아니라 문화재도 파괴하는 말썽꾸러기예요. 이런 흰개미가 인도를 떠들썩하게 만든 사건이 하나 있었어요.

SEE THE NEXT PAGE! »

1 굵게 표시한 부분과 일치하도록 아래 단어를 알맞게 배열하여 문장을 완성하세요.

> Other than this, _____
> between the two. (difference / there / another / is)

2 '흰개미'와 '개미'에 관한 설명 중 이 글의 내용과 일치하지 <u>않는</u> 것을 고르세요.

① 개미와 흰개미는 매우 다르다.
② 흰개미는 여왕개미 한 마리가 개미 사회를 이끈다.
③ 개미는 사람들에게 나쁜 영향을 주지 않는다.
④ 흰개미는 나무를 파먹는 습성이 있다.

교과서 지식 Bank

중3 과학 - 흰개미에 강한 소나무

흰개미는 나무를 먹어 치우기 때문에 건물에 사용하는 목재는 방부 처리를 한 후에 사용해요. 하지만 소나무는 나무 안쪽의 심재가 송진과 같은 여러 가지 화학 물질을 담고 있어서 흰개미의 공격에 강해 방부 처리를 하지 않고도 사용할 수 있답니다.

A 60-year-old man who lives in India recently experienced a very unlucky thing. He had kept all his important documents, cash, and valuables in a safe in the Bank of India. To him, this seemed secure.

One day, he went to the bank to get some money out of his safe. (①) It was empty, and all his valuables were gone. (②) There was no evidence of a break-in or fire. (③) The door of the safe was even still locked. (④) Can you guess what happened here? (⑤)

Surprisingly, it turned out that the criminals were white ants! The old man was very angry because everything he owned was gone. He asked the bank to pay for his loss. But the bank showed him a notice posted on the wall near the room of safes. The notice indicated that customers must remove their important papers from the safes and store them somewhere more secure since white ants could eat anything inside. Sadly, this poor old man hadn't visited the bank for a while, so he hadn't seen the notice.

People felt sorry for this old man and wondered whether the white ants appreciated their expensive meal!

🔍 독해가 더 쉬워지는 **Tip** ••

It turns out (that) + 주어 + 동사 : ~인 것으로 드러나다[밝혀지다], 알고 보니 ~이었다

It turned out that the rumors were true.
(그 소문들은 사실로 **밝혀졌다**.)

It turns out I had your number wrong.
(**알고 보니** 내가 너의 번호를 잘못 가지고 **있었다**.)

1 **Which of the following is the best title of the passage?**

① What White Ants Like to Eat
② Who Stole Everything from the Safe?
③ A Journey to Find White Ants in India
④ How to Keep Your Money Safe from Thieves
⑤ An Indian Bank's Poor Security against Thieves

2 **Which of the following is NOT true according to the passage?**

① 노인은 은행이 안전하다고 생각하여 귀중품을 보관하였다.
② 화재로 인해 노인의 금고 문이 열려 있었다.
③ 노인은 은행으로부터 손해 배상을 받지 못했다.
④ 중요한 서류를 금고에서 치우라는 공고가 있었다.
⑤ 노인은 공고가 붙은 사실을 알지 못했다.

3 **Where would the following sentence best fit?**

> However, when he opened the safe, he could not believe his eyes!

① ② ③ ④ ⑤

4 **What does the underlined "their expensive meal" refer to in the passage?**

_____

5 **Find the word in the passage which has the given meanings.**

> ⓐ protected from being hurt, damaged, or stolen
> ⓑ to make safe or free from harm

_____

recently 최근에 / **valuable** 《복수형》 귀중품 / **gone** 사라진 / **evidence** 증거 / **break-in** (절도를 위한) 침입 / **lock** (자물쇠로) 잠기다 / **surprisingly** 놀랍게도 / **turn out** ~인 것으로 드러나다[밝혀지다] / **own** 소유하다 / **loss** 손실, 분실 / **notice** 공고, 안내문 / **remove** 없애다, 제거하다 / **paper** 《복수형》 서류, 문서 / **wonder** 궁금해하다 / **whether** ~인지 아닌지

03 통계를 실생활에 접목시킨 나이팅게일

교육부 지정 중학 필수 어휘

정답 및 해설 p.24

rescue	동 구하다, 구조하다 명 구출, 구조
pleasant	형 1. 즐거운, 유쾌한 2. 쾌적한, 좋은
convince	동 1. 확신시키다, 납득시키다 2. 설득하다
complicated	형 복잡한
rate	명 1. 속도 2. 비율 동 평가되다, 여겨지다
establish	동 설립하다, 개설하다
fund	명 기금, 자금 동 자금[기금]을 대다 ※ **get funded** 자금을 얻다
select	동 선발하다, 선택하다
educate	동 교육하다, 가르치다

아래 해석을 참고하여 다음 각 빈칸에 적절한 단어를 위의 목록에서 골라 쓰세요. (동사의 시제와 명사의 수에 유의)

1 She was confused by the _____ math question.

2 She got _____ by the school, so she attended university for free.

3 He had to _____ his parents that he would take care of the puppy.

4 The fireman _____ a girl from a burning building last night.

5 The teacher is going to _____ three students to attend the art show after school.

6 People are getting sick from stress at a higher _____ these days.

7 The man _____ a school to teach students in the countryside.

8 After 5 hours of clean-up, her room looked _____.

9 The teacher _____ students for 25 years before stopping his work.

해석 1 그녀는 복잡한 수학 문제로 혼란스러웠다. **2** 그녀는 학교에서 기금을 받아서, 무료로 대학을 다녔다. **3** 그는 강아지를 잘 돌보겠다고 부모님을 확신시켜야 했다. **4** 그 소방관은 어젯밤 불타는 건물에서 한 소녀를 구조했다. **5** 그 선생님은 방과 후에 미술전시회를 참석할 학생 세 명을 선발할 것이다. **6** 사람들은 요즘 더 높은 비율로 스트레스로 인한 병에 걸리고 있다. **7** 그 남자는 시골에 있는 학생들을 가르치기 위해서 학교를 설립했다. **8** 5시간의 청소 후, 그녀의 방은 쾌적해 보였다. **9** 그 선생님은 일을 그만 두기 전에, 25년간 학생들을 가르쳤다.

'백의의 천사'라 불리는 나이팅게일(Nightingale)을 모르는 사람은 아마 없을 거예요. 나이팅게일은 부유한 귀족 집안에서 태어나 부모님이 정치, 수학, 역사 등 여러 분야를 <u>educate</u>한 덕분에 다방면의 지식을 쌓을 수 있었어요. 32세였던 1854년에 크림전쟁(Crimean War)이 발발하자, 나이팅게일은 야전병원에서 간호활동을 시작해요. 그곳에서 **나이팅게일은 많은 환자들이 치료 도중 사망한다는 사실을 알게 되고 이를 개선하기 위해 노력했어요.** 그래서 자료를 수집하고 분석한 노력 덕분에 환자들의 사망률이 42%에서 2%로 크게 줄어들었어요.

SEE THE NEXT PAGE! ≫

1 밑줄 친 <u>educate</u>에 해당하는 우리말을 고르세요.

① 개설하다   ② 교육하다   ③ 구하다   ④ 선택하다

2 굵게 표시한 부분과 일치하도록 아래 단어를 알맞게 배열하여 문장을 완성하세요.

> Nightingale realized that _____
> _____ treatment and tried to improve it. (their / patients / during / die / many)

중3 수학 - 통계학

교과서 지식 Bank

크림전쟁 동안 사망률이 높았던 이유는 콜레라, 괴혈병, 이질 등 여러 질병이 영국, 프랑스, 러시아 병사들을 공격했기 때문이에요. 나이팅게일은 다친 병사들을 돌보면서 병원에서 사용되는 물건들을 세심하게 조사하여 무질서한 병원에 규율을 세웠으며, 통계학을 사용하여 병원에서 사망하는 병사들의 수와 원인을 파악할 수 있었어요.

원래 통계학은 과거 세금 징수를 목적으로 인구수 조사와 땅값 계산에서부터 시작되었는데요, 20세기에 들어 자료를 수집하고 분석하는 기법이 다양해졌어요. 오늘날 통계는 일기 예보, 여론 조사 등 매우 다양한 분야에 이용되고 있어요.

Nightingale realized that she could rescue dying soldiers with more pleasant conditions. But in order to help, she needed to get money from the government. She had to convince government officials that a clean environment in hospitals would save many soldiers' lives. She wanted to
5 persuade ⓐ them, but they were not willing to look at complicated figures. So, she came up with a new idea. Instead of writing down numbers and complicated data, Nightingale drew charts to show the death rate of soldiers and causes of death. They were named "rose charts." The results of her study showed that dirty living conditions spread disease.

10 After the Crimean War, based on her experience and knowledge, she worked hard to improve the living environment and conditions in hospitals. Also, she established a nursing school to create future nurses. With her statistics tools and charts, she got funded by the government to improve the environment in hospitals. _____, she became the first woman to
15 be selected as a member of the Statistical Society of London.

Did you think that statistics are just sets of numbers? ⓑ They can be a tool to save many people's lives. Did you think Nightingale was just "a lady with a lamp"? She was also a great scholar who understood the power of numbers and wisely created new types of charts to educate people.

*statistics 통계, 통계학

1 **Which of the following is the best topic of the passage?**

① why Nightingale was called "a lady with a lamp"

② how Nightingale's rose charts were invented

③ Nightingale's Career and Major Achievements

④ the death rate of soldiers in the Crimean War

⑤ the relationship between disease and pollution

2 **Which of the following is NOT true according to the passage?**

① 나이팅게일은 죽어가는 군인들을 위해 정부로부터 돈이 필요했다.

② 정부 관료들은 복잡한 숫자를 보려고 하지 않았다.

③ 나이팅게일은 숫자 대신 차트로 군인 사망률과 원인을 보여주었다.

④ 나이팅게일은 병원의 환경을 개선하기 위해 노력했다.

⑤ 나이팅게일은 런던통계협회로부터 기금을 받았다.

3 **What do the underlined ⓐ them and ⓑ They refer to?**

ⓐ them: ＿＿＿＿＿＿＿＿＿＿＿＿＿＿＿   ⓑ They: ＿＿＿＿＿＿＿＿＿＿＿＿＿＿＿

4 **Which of the following best fits in the blank?**

① However   ② For example

③ As a result   ④ On the other hand

⑤ In other words

5 **Find the word in the passage which has the given meaning.**

to save someone from danger

＿＿＿＿＿＿＿＿＿＿＿＿＿＿＿

realize 깨닫다 / soldier 군인 / government 정부, 정권 / official 공무원, 관리자 / environment 환경 / persuade 설득하다 / be willing to 기꺼이 ~하다 / figure 숫자 / come up with ~을 생각해 내다 / data 정보, 데이터, 자료 / chart 차트, 표 / cause 원인 / spread 퍼뜨리다 / disease 병, 질병 / based on ~에 기초한, ~에 기반을 둔 / knowledge 지식 / improve 개선하다 / nursing school 간호학교 / tool 도구 / society 협회, 단체 / scholar 학자

교육부 지정 중학 필수 어휘

정답 및 해설 p.26

military	형 군대의, 무력의
	명 **군대**
service	명 1. 서비스업, 서비스 2. **병역, 군복무**
prime	형 1. **주된, 주요한** 2. 최고의
politics	명 정치
prefer	동 **~을 선호하다, (더) 좋아하다[원하다]**
physical	형 육체의, 신체의
outstanding	형 뛰어난, 우수한
recognize	동 1. **인정하다** 2. 인지하다, 알아보다
occupation	명 직업

아래 해석을 참고하여 다음 각 빈칸에 적절한 단어를 위의 목록에서 골라 쓰세요. (동사의 시제와 명사의 수에 유의)

1   Young people care too much about their _____ appearance.

2   After he finished his _____, he went back to school.

3   After he graduated from high school, he became interested in _____.

4   When she was young, she wanted to join the _____ to protect her country.

5   The teachers _____ her as a genius when she was very young.

6   He was looking for an _____ after he graduated from college.

7   One _____ reason that she became a doctor was to save people.

8   I _____ tea over coffee. I don't really like coffee.

9   The food was _____. I would recommend it to anyone.

해석 **1** 젊은 사람들은 자신의 신체적 외모에 너무 많이 신경 쓴다. **2** 군복무를 마친 뒤, 그는 학교로 돌아갔다. **3** 고등학교를 졸업한 후에 그는 정치에 관심을 가지게 되었다. **4** 그녀가 어렸을 때 자신의 나라를 보호하기 위해 군대에 가고 싶었다. **5** 선생님들은 그녀가 아주 어렸을 때 그녀를 천재로 인정했다. **6** 그는 대학교를 졸업하고 직업을 찾고 있었다. **7** 그녀가 의사가 된 한 가지 주된 이유는 사람들을 구하기 위해서였다. **8** 나는 커피보다 차를 선호한다. 나는 커피를 그다지 좋아하지 않는다. **9** 음식은 훌륭했다. 나는 누구에게든 그것을 추천하겠다.

우리나라 학생들은 고등학교를 졸업하면 각자 상황에 맞게 자신의 진로를 선택하죠. 누군가는 취직해서 바로 일을 시작할 수 있고, 또 **누군가는 대학에 진학해 자신의 꿈을 이루기 위해 열심히 공부할 거예요.** 일부 남학생들은 졸업 후에 바로 <u>military</u>에 갈 수도 있지요. 북한에 사는 학생들도 우리나라 학생들과 크게 다르지 않아요. 우리와 비슷하게 중학교, 고등학교에 다니고, 그 후에 군대나 대학을 가는 학생들도 있고 바로 취직을 하는 학생들도 있지요.

SEE THE NEXT PAGE! »

1 굵게 표시한 부분과 일치하도록 아래 단어를 알맞게 배열하여 문장을 완성하세요.

> Some people will go to university _____
> _____. (study hard / to / achieve / and
> / dreams / their)

2 밑줄 친 <u>military</u>에 해당하는 우리말을 고르세요.

① 정당   ② 군대   ③ 공장

중학 역사2 - 남북 관계

6·25 전쟁으로 남북 간의 갈등이 깊어졌지만, 1970년대에 접어들어 냉전 체제가 완화되면서 변화가 일어나기 시작했어요. 이산가족 상봉도 이루어졌고, 1990년대에는 '한반도 비핵화 공동 선언'을 발표했고, 2000년에는 평양에서 남북 정상회담이 개최되어 '6·15 남북 공동 선언'이 발표되기도 했지요. 하지만 북한이 핵 실험을 포기하지 않고 무력 도발을 계속하고 있어서 남북한의 대화와 교류·협력은 여전히 어려움을 겪고 있어요.

Most of the students in North Korea want to join the military after high school. (①) They can join the Worker's Party only after they complete their service in the military. One prime reason to join the Worker's Party is the chance to get social benefits in the future. They can also get a higher
5 position in politics or administration if they get a university degree after completing their service in the army. Because of that, many women prefer to marry men who have served in the army. However, not everyone can serve their country. They have to first pass a physical examination.

After high school, some students continue to study in universities and
10 colleges. (②) Students who have outstanding grades in science can enter universities without any entrance exams. Their abilities have already been recognized by the government. Other students can also go to universities and colleges if they want to. (③) But only those who have good grades and good behavior get a chance to take the entrance exam.

15 What about those who don't go to universities or the army? They get an occupation. (④) The government usually gives jobs based on their social backgrounds. After they start working, it is not easy to move or change their workplace. (⑤) Only a person who is in a higher social class will have a good chance to move to a better workplace.

*Worker's Party 노동당

🔍 **독해가 더 쉬워지는 Tip** •

prefer to + 동사원형 vs. **prefer A to B** vs. **prefer A to + 동사원형**

prefer to + 동사원형 : ~하는 것을 선호하다[더 좋아하다]
I **prefer to get up** early in the morning. It gives me more time to prepare.
(나는 아침에 일찍 **일어나는 것을 선호한다**. 그것은 나에게 준비할 시간을 더 준다.)

prefer A to B : B보다 A를 선호하다[더 좋아하다]
Many students **prefer soda to juice**. (많은 학생들은 주스보다 탄산음료를 선호한다.)
The children **prefer playing outside to staying home**. (그 아이들은 집에 머무르는 것보다 밖에서 노는 것을 더 좋아한다.)

prefer A to + 동사원형 : A가 ~하는 것을 선호하다[원하다]
I **prefer my pants to be** longer. (나는 내 바지가 더 긴 것을 선호한다.)

1   **Which of the following is the best topic of the passage?**

① how to join the Worker's Party
② the hard military service in North Korea
③ how to get good grades in high school
④ the importance of examination North Korea
⑤ choosing a career path in North Korea

2   **Which of the following is NOT true according to the passage?**

① Getting into the Worker's Party will give many benefits.
② Not everyone can join the army in North Korea.
③ Only those who have been recognized by teachers go to college.
④ Students get jobs from the government based on their backgrounds.
⑤ Only people in high classes can move to a better workplace.

3   **Where would the following sentence best fit?**

However, they don't have to look for a job on their own.

①   ②   ③   ④   ⑤

4   **Complete the summary below with appropriate words from the box.**

Most North Korean students want to enter the military to (1) _____ the Worker's Party. It can help them get a high (2) _____ in politics. Some students can go to universities and colleges to study more if they have good grades and behavior. Other students can get a (3) _____ which the government chooses for them based on their social class.

① position   ② class   ③ join   ④ job   ⑤ background

complete 끝마치다 / social 사회적인 / benefit 혜택 / position 위치, 지위 / administration 행정부 / degree 학위 / serve 복무하다 / examination 검사 / entrance exam 입학시험 / ability 능력 / government 정부, 정권 / behavior 행동, 행실 / workplace 직장, 일터 / class (사회의) 계층
선택지 어휘 1 career path 진로

Chapter 10

What to Learn	**독해가 더 쉬워지는 Tip**
과거 전쟁의 승패에 영향을 주었던 요소 중 하나는 무엇일지 알아봐요.	**If + 주어 + had p.p. ~,** **주어 + 조동사 과거형 + 동사원형 ….**
열대우림이 우리에게 얼마나 고마운 존재인지 한 번 알아볼까요?	**make a living**
미국의 남북전쟁이 왜 일어났는지, 그리고 어떻게 끝났는지 자세히 알아봐요.	**for**
위대한 수학자 아르키메데스의 묘비에는 아주 독특한 내용이 새겨져 있다는 것 알고 있나요?	**without any + 명사**

교육부 지정 중학 필수 어휘 🎧

정답 및 해설 p.29

conquer	동 1. (다른 나라, 도시 등을) 정복하다　2. **이기다, 물리치다**
strategy	명 **전략, 전술**
tide	명 **조수, 조류**
factor	명 **요인, 요소**
violent	형 1. 폭력적인, 난폭한　2. **격렬한, 맹렬한**
neglect	동 1. 방치하다　2. **무시하다, 간과하다**
enormous	형 **막대한, 거대한**
predict	동 **예측하다, 예견하다**

아래 해석을 참고하여 다음 각 빈칸에 적절한 단어를 위의 목록에서 골라 쓰세요. (동사의 시제와 명사의 수에 유의)

1　The military made a _____ to win the battle.

2　The most important _____ in success is hard work.

3　The _____ storm destroyed everything in the town.

4　The king successfully _____ the neighboring country's army.

5　It's hard to _____ which skater will win the gold medal at this Winter Olympics.

6　The _____ was caught by a soldier. He was taken to jail.

7　I told him to take an umbrella, but he didn't take it. He _____ my advice.

8　When the _____ is in, you cannot play on the beach.

해석　**1** 그 군대는 전투에서 이기기 위해 전략을 짰다.　**2** 성공에서 가장 중요한 요소는 노력이다.　**3** 맹렬한 폭풍은 마을에 있던 모든 것을 파괴했다.　**4** 그 왕은 성공적으로 이웃 나라 군대를 물리쳤다.　**5** 이번 동계 올림픽에서 어느 스케이트 선수가 금메달을 딸지 예측하기 어렵다.　**6** 적이 군인에게 붙잡혔다. 그는 감옥으로 옮겨졌다.　**7** 나는 그에게 우산을 가져가라고 말했지만, 그는 가져가지 않았다. 내 조언을 무시했다.　**8** 조수가 들어오면, 너는 바닷가에서 놀면 안 된다.

만약 여러분이 전쟁을 준비하는 장군이라면 무엇이 중요하다고 생각할까요? 병사들의 수, 식량, 병사들의 사기 등 많은 것들이 떠오를 거예요. 그리고 빼놓을 수 없는 것이 전쟁에서 이기기 위한 <u>strategy</u>겠죠? 이순신 장군이 전쟁을 위한 <u>strategy</u>를 준비할 때 중요하게 생각했던 것 중에 '이것'이 있었다고 해요. 그래서 이순신 장군은 매일 '이것'을 관찰한 다음 '이것'에 맞게 <u>strategy</u>를 세웠다고 해요. 그리고 중국뿐 아니라 세계의 역사를 통틀어 최고의 전쟁 연구서 중 하나로 평가받는 「손자병법」에 보면 '적을 알고 나를 알면 전쟁에서 위태롭지 않고 거기에 더하여 하늘을 알고 땅을 알면 승리는 곧 완전할 것이다.'라는 말이 있어요. 여기서 '하늘을 안다'라는 말이 '이것'에 대해 안다는 뜻이라는데요, 과연 '이것'은 무엇일까요?

SEE THE NEXT PAGE! ≫

1 밑줄 친 strategy에 해당하는 우리말을 쓰세요.

_____

2 굵게 표시한 부분과 일치하도록 아래 단어를 알맞게 배열하여 문장을 완성하세요.

_____

for a war, what do you think would be important? (were / was / if / who / preparing / you / a general)

교과서 지식 Bank

중2 과학 – 하늘을 알고 땅을 안다?

전쟁에서 '하늘을 알고 땅을 안다'라는 건 전쟁이 벌어지는 곳의 기상 상태와 지리적인 요소를 파악해야 한다는 뜻이에요. 기온이 너무 낮거나 높지는 않은지, 눈이나 비가 온다는 소식은 없는지, 그리고 전쟁이 치러질 곳이 숲인지 아니면 확 트인 평야인지 등등 여러 요소를 이해하고 있어야 하죠. 오늘날은 과학 기술의 발달로 다양한 방법을 통해 기상 상태나 지리적 요소를 쉽고 빠르게 알 수 있지만, 과거에는 자연 현상을 살펴서 기상 상태를 예측했으며, 전쟁터의 지형을 파악하는 임무를 지닌 병사가 따로 있었다고 해요.

In the *War Diary of Admiral Yi Sun-shin*, the admiral recorded how the weather changed from day to day. He knew that understanding the weather was as important as conquering the enemy. In the Battle of Myeongnyang, he used how the currents in the sea moved to win battles. His strategies based on the currents of tides protected his country against 133 Japanese warships.

5

In world history, weather has played a very important factor in many battles. During the Persian Wars in the 5th century, the Persians lost many warships and men because they were caught in a violent storm. In 1270, King Louis IX chose the hottest season to attack the Arabs in North Africa. But soon, his army was destroyed by disease. When France invaded Russia, Napoleon failed because he neglected the weather conditions in Russia. In 1812, he left France with an enormous army, about 500,000 men. However, in the end, due to the freezing weather in Russia, most of his soldiers froze to death. Napoleon returned to France with only 10,000 soldiers.

10

As you can see, weather greatly affected many wars. It has become easier to predict the weather now compared to the past. If people had known and understood the importance of weather sooner, things might be very different. The world map we know would not exist.

15

*admiral 해군 장성, 제독

 독해가 더 쉬워지는 Tip ••

If + 주어 + had p.p. ~, 주어 + 조동사 과거형 + 동사원형 …. : 만약 (과거에) ~했더라면, (지금) …할 텐데.

If I had checked the alarm clock yesterday, **I wouldn't be** late for school.
(만약 내가 어제 알람 시계를 **확인했더라면**, 나는 지각하지 **않을 텐데**.)

If he had succeeded to get the concert ticket last month, **he could go** with us.
(그가 지난달에 콘서트 표 구입에 **성공했더라면**, 우리와 함께 **갈 수 있을 텐데**.)

If we had left earlier, **we might not be** stuck in traffic.
(우리가 일찍 **출발했더라면** 교통체증에 갇혀 있지 **않을지도 모를 텐데**.)

1 **Which of the following is the best topic of the passage?**

① the forces that changed world history

② common strategies used in wars

③ how nature has affected wars

④ how *the War Diary* was used historically

⑤ how people predicted weather in the past

2 **Which of the following is NOT true according to the passage?**

① 이순신 장군은 조류를 이용하여 전쟁에서 승리했다.

② 루이 9세는 가장 더울 때 북아프리카 아랍인들을 공격했다.

③ 페르시아인들은 폭풍우 때문에 많은 군함과 사람들을 잃었다.

④ 나폴레옹은 1812년 50만 명의 군인들과 함께 러시아를 떠났다.

⑤ 지금은 과거보다 날씨를 예측하기가 더 쉬워졌다.

3 **What made most of Napoleon's soldiers die? Write the answer in Korean.**

_____

4 **What does the underlined sentence in the third paragraph mean?**

ⓐ The world map of today is very different from the past.

ⓑ The winners of wars would have been different.

ⓒ Paper maps will not exist in the future.

5 **Which of the following has the same meaning as "neglected" in the paragraph?**

(a) She neglected her coach's advice during the games. As a result, she lost the game.

(b) I neglected the plants. As a result, the leaves turned yellow.

---

enemy 적 / **battle** 전투 / **current** 흐름, 해류 / **warship** 군함 / **attack** 공격하다 / **army** 군대 / **destroy** 파괴하다 / **disease** 병, 질병 / **invade** 침입하다, 침략하다 / **condition** 상태 / **due to** ~때문에 / **freezing** 몹시 추운 / **freeze to death** 얼어 죽다 / **affect** 영향을 끼치다 / **compared to** ~와 비교하여 / **exist** 존재하다

교육부 지정 중학 필수 어휘 🎧

정답 및 해설 p.31

liquid	명 액체 형 액체 형태의, 액상의	
obtain	동 얻다, 구하다	
alternative	명 대안, 양자택일 형 대안이 되는, 대안적인	
replace	동 대신하다, 대체하다	
wound	명 상처, 부상 동 상처를 입히다	
relieve	동 (고통 등을) 덜어주다, 완화하다	
hide – hid – hidden	동 숨다, 잠복하다 명 숨은 장소, 은신처	

아래 해석을 참고하여 다음 각 빈칸에 적절한 단어를 위의 목록에서 골라 쓰세요. (동사의 시제와 명사의 수에 유의)

1 The rabbit _____ under the tree when the hunter appeared in the forest.

2 We had to use an _____ road because the main road was blocked.

3 She poured the _____ into the cup.

4 I got a _____ on my knee from the accident. Now it is slowly disappearing.

5 He finally _____ the recipe to make the secret sauce.

6 I _____ the old parts of the car with new ones.

7 I took some medicine to _____ my pain.

해석 1 그 토끼는 사냥꾼이 숲에 나타나자 나무 밑으로 숨었다. 2 우리는 주요 도로가 막혀서 대안이 되는 길로 가야 했다. 3 그녀는 컵에 그 액체를 부었다. 4 나는 사고로 무릎에 상처가 났다. 지금 그것은 천천히 사라지고 있다. 5 그는 마침내 비밀 소스를 만들 수 있는 제조법을 얻었다. 6 나는 그 자동차의 낡은 부품을 새로운 것들로 대체했다. 7 나는 통증을 덜기 위해서 약을 좀 먹었다.

현대 사회는 점차 산업화, 도시화 되어가고 있죠. 물론 이로 인해 사람들은 편리한 삶을 <u>obtain</u>하고 있지만, 너무 많은 개발로 인해 환경이 파괴되고 있는 것도 사실이에요. 그중에서도 특히 열대우림을 파괴해 도로를 만들거나, 농업이나 축산업을 위해 수십, 수백 년 된 나무를 베어버리는 일들이

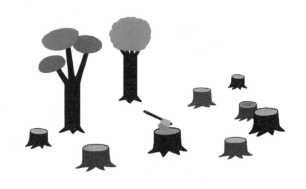

자주 일어나고 있죠. 지금 당장은 더 편리하고 풍요롭게 느껴지겠지만, 정말 계속 그렇게 해도 괜찮은 걸까요? 오랜 세월 열대우림에서 살아온 수많은 동식물의 보금자리가 사라지면서 멸종 위기에 처한 동물들과 식물들이 점차 늘어나고 있어요. 또, 이런 열대우림을 지키려고 하는 사람들과 이곳을 파괴해 개발하려는 사람들 사이의 갈등도 점점 깊어지고 있으니 심각한 문제가 아닐 수 없겠네요.

SEE THE NEXT PAGE! >>

1 밑줄 친 obtain에 해당하는 우리말을 쓰세요.

_____

2 이 글의 내용과 일치하면 T, 그렇지 않으면 F를 쓰세요.

(1) 과도한 개발은 환경을 파괴한다. _____

(2) 멸종 위기에 처한 동식물들이 늘어나고 있다. _____

(3) 열대우림을 지키려는 사람들 덕에 개발이 줄어들었다. _____

교과서 지식 Bank

중학 사회2 - 열대우림

열대우림은 일 년 내내 기온이 18도 이상이고, 연 강수량은 2,000mm 이상으로 매우 많은 편이에요. 푸르고 잎이 넓은 나무들이 울창한 숲을 이루기 때문에 다양한 생물 종의 보고이며, 지구의 허파 기능을 해요. 하지만 최근 삼림 벌채, 농경지 확대, 광산 개발 등으로 열대우림이 파괴되고 있어요.

Rainforests are home to many plants and animals. They even protect us from floods and droughts and balance the world's climate. They also contain a lot of resources. For example, the rubber trees in rainforests provide liquid rubber, and many tribal people make a living from it. Rainforests are also a
5 great source of food and medicine.

We obtain many things from rainforests, including bananas, coffee, tea, chocolate, and much more. If you think we have enough food without rainforests, you should think again. In 1970, a disease killed half the corn in the United States. Scientists had to find an alternative plant to replace it. In
10 1987, they discovered a new corn plant in Mexican rainforests.

For centuries, people have used trees and flowers for _____ purposes. They have made good use of plants as medicine for wounds and ways to relieve small pains. Scientists today even use plants to make medicines for serious diseases. For example, leaves of a flower from Madagascar are used
15 to make medicine for leukemia. Many other medicines are still hidden in rainforests. They are waiting to be discovered. Rainforests are valuable to us in so many ways. Can you imagine a future without them?

*Madagascar 마다가스카르 《아프리카 남동의 섬》

**leukemia 백혈병

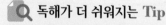 독해가 더 쉬워지는 **Tip** •

make a living : 생계를 꾸리다

She **makes a living** by selling flowers on the street.
(그녀는 거리에서 꽃을 팔며 **생계를 꾸리고 있다**.)

It has been hard for him to **make a living** after his store closed.
(가게를 닫은 후 그가 **생계를 꾸리는** 것은 어려웠다.)

1 **Which of the following is the best topic of the passage?**

① how to protect rainforests
② how to get medicine from rainforests
③ new kinds of plants in rainforests
④ the importance of rainforests
⑤ various animals and plants in rainforests

2 **Which of the following is NOT true according to the passage?**

① 열대우림의 고무나무로 생계를 꾸리는 부족들이 많다.
② 우리는 열대우림 없이도 충분한 식량을 얻을 수 있다.
③ 1987년에 열대우림에서 새로운 옥수수가 발견됐다.
④ 가벼운 통증을 완화하는 데 식물이 사용된다.
⑤ 꽃잎으로 심각한 질병의 약을 만들기도 한다.

3 **Which of the following best fits in the blank?**

① artistic   ② medical   ③ teaching
④ tourist   ⑤ personal

4 **Complete the blanks according to the passage by choosing the correct choices below.**

Rainforests are (a) _____ for us because:
(1) they (b) _____ us from natural disasters.
(2) we can get many (c) _____ from them.
(3) they offer many things we can use for food and (d) _____.

① resources   ② guard   ③ medicine   ④ essential   ⑤ contain

rainforest 열대우림 / flood 홍수 / drought 가뭄 / balance 균형을 유지하다 / climate 기후 / contain 포함하다 (= include) / resource 자원 / rubber 고무 / provide 주다, 제공하다 / tribal 종족의, 부족의 / make a living 생계를 꾸리다 / source 원천 / medicine 약, 약물 / disease 병, 질병 / discover 발견하다 / purpose 목적 / make use of ~을 활용하다 / pain 고통, 아픔 / serious (정도가) 심각한 / valuable 소중한
선택지 어휘 3 artistic 예술적인 / medical 의학의

03

링컨과 노예제도

교육부 지정 중학 필수 어휘 🎧

정답 및 해설 p.33

government	명 정부, 정권	
export	동 **수출하다**	
	명 1. 수출 2. 수출품	
import	동 **수입하다**	
	명 1. 수입 2. 수입품	
attack	동 **공격하다, 습격하다**	
	명 폭행, 공격	
harbor	명 항구, 항만	
president	명 1. **대통령** 2. 회장	
announce	동 **발표하다, 알리다**	
decision	명 결정, 판단	
free	형 자유로운	
	동 석방하다, 풀어주다	

아래 해석을 참고하여 다음 각 빈칸에 적절한 단어를 위의 목록에서 골라 쓰세요. (동사의 시제와 명사의 수에 유의)

1   A _____ is a national organization working for a nation's people.

2   The country has to _____ most of its coal from other countries.

3   It was a tough _____ to make because he wanted to visit both countries.

4   The American _____ lives in the White House.

5   Yesterday a city official _____ plans to solve the garbage problem in the city.

6   The king decided to _____ the people he captured from the neighboring country.

7   The _____ was filled with ships from many countries.

8   The Korean War started when the North _____ the South.

9   India produces a lot of cotton. It _____ cotton all over the world.

해석 1 정부는 그 나라의 국민들을 위해 일하는 국가 기관이다. 2 그 나라는 대부분의 석탄을 다른 나라에서 수입해야 한다. 3 그는 두 나라 모두 방문하고 싶었기에 내리기 힘든 결정이었다. 4 미국 대통령은 백악관에 살고 있다. 5 어제 시 공무원은 도시의 쓰레기 문제를 해결할 계획에 대해 발표했다. 6 그 왕은 이웃 나라에서 붙잡은 사람들을 풀어 주기로 결심했다. 7 항구는 많은 나라에서 온 배들로 꽉 차 있었다. 8 한국 전쟁은 북한이 남한을 공격했을 때 시작됐다. 9 인도는 면직물을 많이 생산한다. 그 나라는 전 세계로 면직물을 수출한다.

미국의 역대 대통령 중 가장 유명한 인물 중 한 명은 에이브러햄 링컨(Abraham Lincoln)일 텐데요, 그의 가장 빛나는 업적은 역시 노예 해방일 거예요. 1783년 영국으로부터 독립한 미국은 북부와 남부가 서로 다르게 발전했어요. 남부는 면화와 담배를 재배하는 농업 중심의 사회가 되었지만 북부는 공장에서 물건을 만드는 제조업이 발달했어요. 서로 생계수단이 매우 달랐기 때문에 남부는 자유무역을 통해 영국에 (A) export하고 값싼 물건을 (B) import하는 것을 선호했지만, 북부는 보호무역을 통해 (B) import를 규제해 제조업을 보호하기를 원했어요. 또한, 노예제를 바라보는 시선도 매우 달랐기 때문에 북부와 남부의 갈등은 조금씩 깊어져 갔지요.

SEE THE NEXT PAGE! »

1 밑줄 친 (A) export와 (B) import에 해당하는 우리말을 고르세요.

① 수입하다; 수입   ② 풀어주다   ③ 공격하다; 공격   ④ 수출하다; 수출

(A): _____   (B): _____

2 이 글의 내용과 일치하면 T, 그렇지 않으면 F를 쓰세요.

(1) 영국으로부터 독립한 미국 북부와 남부의 생계수단은 비슷했다. _____

(2) 남부에서는 공장에서 물건을 만드는 제조업이 발달했다. _____

(3) 남부와 북부는 노예제도 때문에 더 갈등이 깊어졌다. _____

교과서 지식 Bank

중학 역사2 - 남북 전쟁의 원인

미국은 북아메리카 동부 연안에 정착한 영국인들이 독립을 선언하며 생겨난 국가지요. 미국은 독립 이후 서부로 영토를 계속 확장해나갔는데요, 이때 새로운 주(州)들이 연방에 편입되는 과정에서 노예제 채택 여부가 쟁점이 되더니 1830년대 들어서는 노예해방 문제가 대두되며 남북 간 갈등이 심해졌고, 결국 전쟁까지 하게 되었답니다.

The seven states of the South formed an organization and tried to make a new nation by themselves. The South wanted to keep slaves because they had huge cotton plantations and were making a lot of money. However, the American government didn't want slavery. So, the South exported cotton to Europe and imported war supplies to prepare for a war against the North. In 1861, the South attacked Fort Sumter in South Carolina, and the American Civil War began. Later on in the war, when the North blocked all southern harbors, the South could not get any more supplies for themselves. (①)

In January of 1863, President Lincoln announced the freedom of the slaves. (②) Many European countries supported Lincoln's decision to free the slaves, too. (③) In the same year, the Battle of Gettysburg happened, and the North won against the South. (④) Four months later, the National Cemetery was made at Gettysburg to honor the fallen soldiers. (⑤) "This nation will have a government that is of the people, by the people, and for the people. This nation will never disappear from the earth." Even though the North and the South fought for a long time after the war, the United States had stayed together and ended slavery.

*fort 요새

🔍 **독해가 더 쉬워지는 Tip** ••

전치사 for

① [목적 · 의도] ~을 위해[위한]
I would like to visit New York **for** New Year's Day.
(나는 새해를 지내기 **위해** 뉴욕을 방문하고 싶다.)

② [용도 · 적응] ~용의, ~으로
This machine is **for** cutting wood.
(이 기계는 나무를 베는 **용**입니다.)

③ [받을 사람] ~에게 주려고[주려는]
My sister and I bought a birthday present **for** our mom.
(내 여동생과 나는 엄마**에게 드릴** 생일선물을 샀다.)

④ [시간 · 기간] ~동안 (쭉)
He practiced **for** hours every day to win a medal.
(그는 매일 몇 시간 **동안** 메달을 따기 위해 연습했다.)

1   **Which of the following is the best title of the passage?**

① The Beginning of Slavery in the United States

② The Effect of Slavery on the Civil War

③ The Result of the Civil War

④ The Civil War and End of Slavery

⑤ A President Who Loved His People

2   **Which of the following is NOT true according to the passage?**

① 남부는 그들만의 나라를 만들고자 하였다.

② 북부는 면직물 수출로 전쟁 물자를 마련했다.

③ 북부는 남부의 모든 항구를 차단했다.

④ 링컨 대통령의 노예 해방 선언은 다른 나라의 지지를 받았다.

⑤ 남부와 북부는 게티즈버그 전투 이후에도 오래 싸웠다.

3   **Where would the following sentence best fit?**

> At the ceremony, Lincoln said his famous line.

①   ②   ③   ④   ⑤

4   **Place the sentences below in the right order of time.**

> A. With support from other countries Lincoln announced the freedom of the slaves.
> B. Later the National Cemetery was made to remember the soldiers.
> C. The South imported war supplies to get ready for a war against the North.
> D. The North won at the Battle of Gettysburg against the South.
> E. The South wanted to keep slavery to make a lot of money.

(   ) – (   ) – (   ) – (   ) – (   )

state 주(州) / **form** 만들다 / **organization** 조직, 단체 / **slave** 노예 / **huge** 거대한 / **cotton** 면직물 / **plantation** 대규모 농원, 대농장 / **slavery** 노예제도 / **war supply** 전쟁 물품 / **freedom** 자유 / **support** 지지하다 / **battle** 전투 / **cemetery** 공동묘지 / **honor** 예우하다, 기리다 / **fallen** (병사가) 전사한

선택지 어휘 3 ceremony 식, 의식

교육부 지정 중학 필수 어휘 🎧

정답 및 해설 p.35

general	형 보통의, 일반적인	
	명 장군	
capture	동 1. 포로로 잡다 2. 함락시키다	
diverse	형 다양한	
yell	동 소리치다, 외치다	
disturb	동 1. 방해하다, 교란하다 2. 흐트러뜨리다	
alive	형 살아 있는	
admire	동 존경하다, 칭찬하다	
bury	동 묻다, 매장하다	
carve	동 1. 조각하다 2. (글씨를) 새기다, 파다	

아래 해석을 참고하여 다음 각 빈칸에 적절한 단어를 위의 목록에서 골라 쓰세요. (동사의 시제와 명사의 수에 유의)

1   He _____ his name on his necklace.

2   The child's mother asked her not to _____ the presents near the table.

3   I always _____ people who achieve their goals.

4   There were several _____ kinds of animals at the zoo.

5   We _____ our dog in our front yard when he died.

6   The _____ ordered his army to cross the river.

7   After a terrible car accident last year, he was lucky to be _____.

8   They boy tried to cross the street when the light was red. Somebody _____, "Stop! It is still red light!"

9   The army _____ a small country for its land.

해석 1 그는 자기 목걸이에 자신의 이름을 새겼다. 2 그 아이의 엄마는 그녀에게 탁자 근처의 선물을 흐트러뜨리지 말라고 부탁했다. 3 나는 목표를 이루는 사람들을 항상 존경한다. 4 동물원에는 여러 가지 다양한 종류의 동물들이 있었다. 5 우리는 강아지가 죽었을 때 앞마당에 묻었다. 6 그 장군은 군인들에게 강을 건너라고 명령했다. 7 작년에 끔찍한 교통사고 이후로, 그가 살아 있는 게 정말 다행이었다. 8 그 남자아이는 신호등이 빨간 불일 때 길을 건너려고 했다. 누군가가 소리쳤다. "멈춰! 아직 빨간 불이야!" 9 그 군대는 작은 나라를 그들의 땅으로 함락시켰다.

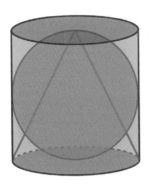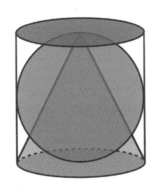

보통 묘비에는 사망한 사람의 이름, 사망 연도, 가족들의 이름 등이 쓰여 있지요. 가끔 어떤 사람들은 자신의 묘비에 가족 이름이나 연도보다 자신의 업적을 새겨달라고 하기도 해요. 수학자나 과학자 등 위대한 업적을 이룬 사람들이 그렇지요. 고대 그리스의 수학자이자 과학자였던 아르키메데스

(Archimedes)도 바로 그런 사람 중 하나였어요. 그는 <u>diverse</u>한 업적을 남겼지만, 원기둥 안에 구를 내접할 때 원기둥과 구의 부피가 3:2의 비율이 된다는 것을 밝힌 사실을 유독 뿌듯해했답니다. 그래서 주변 사람들에게 자신이 죽으면 묘비에 이 내용을 새겨달라고 말하곤 했어요.

SEE THE NEXT PAGE! »

1 밑줄 친 diverse에 해당하는 우리말을 고르세요.

① 다양한   ② 유일한   ③ 특이한

2 이 글의 내용과 일치하면 T, 그렇지 않으면 F를 쓰세요.

(1) 묘비에 자신의 업적을 새기는 사람들도 있다.   _____

(2) 아르키메데스는 유명한 고대 그리스의 철학가이다.   _____

(3) 아르키메데스는 묘비에 자신의 업적을 새겨 달라고 했다.   _____

중1 수학 - 원기둥과 구의 부피

교과서 지식 Bank

옆의 그림처럼 구에 꼭 들어맞는 원기둥 모양의 그릇이 있다고 할 때, 이 그릇에 물을 가득 채운 후 구를 물속에 완전히 넣었다가 꺼내면 구의 부피만큼 물이 넘쳐나겠지요. 이렇게 했을 때 그릇에는 물이 3분의 1만 남게 된답니다. 따라서 구의 부피는 원기둥 부피의 3분의 2인 셈이고, 따라서 원기둥과 구의 부피 비는 3:2가 되는 것이지요.

There are many stories about Archimedes, but perhaps the story about his death is the most interesting. One day, Roman forces under General Marcus captured the city of Syracuse in Sicily. At the time, Archimedes was doing a diverse range of things for the city. General Marcus knew about this. So ⓐ he told one of his soldiers, "Bring Archimedes to me," and the soldier left to find
5　Archimedes. Archimedes was drawing circles in the sand for ⓑ his research at the time. When the soldier saw him, he stopped him. The soldier ordered Archimedes to go to see General Marcus right away. Archimedes said that he had to finish his diagrams first and refused. When the Roman soldier tried to
10　get closer to him, Archimedes yelled, "Do not disturb my circles!" The soldier was very angry about this and killed Archimedes.

When General Marcus heard about his death, ⓒ he was angry because his order was to bring Archimedes to him alive without any harm. ⓓ He admired Archimedes for his great work. So, ⓔ he buried him in a tomb and
15　ordered his men to carve Archimedes' greatest work on the tombstone. His tombstone was carved with his discovery just as Archimedes had wished.

*diagram 도표

**tombstone 묘비

🔍 **독해가 더 쉬워지는 Tip** ●●

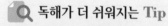

without any + 명사 : 아무 ~ 없이

I hope you finish your school year **without any trouble**.
(난 네가 **아무 문제없이** 학년을 잘 마치길 바라.)

She opened the door **without any noise**.
(그녀는 **아무 소리 없이** 문을 열었다.)

1 **Which of the following is the best topic of the passage?**

① the general who killed Archimedes
② Archimedes' great discoveries
③ the research and death of Archimedes
④ Archimedes' unique tombstone
⑤ the death and tombstone of Archimedes

2 **Which of the following is NOT true according to the passage?**

① 로마 군대가 아르키메데스가 살던 도시를 함락시켰다.
② 마커스 장군은 아르키메데스의 업적을 알고 있었다.
③ 도시가 함락됐을 때, 아르키메데스는 연구에 열중하고 있었다.
④ 마커스 장군의 부하는 아르키메데스를 존경했다.
⑤ 아르키메데스의 묘비에는 그의 업적이 새겨졌다.

3 **Which of the following is different among the underlined ⓐ ~ ⓔ?**

① ⓐ   ② ⓑ   ③ ⓒ   ④ ⓓ   ⑤ ⓔ

4 **Which of the following has the same meaning as "General" in the paragraph?**

(a) The general ordered the army to prepare for the war.
(b) The general public was against the new law.

5 **Find the word in the passage which has the given meaning.**

to spoil something or to cause disorder

_____

force 무장 병력, 부대 / range 범위 / research 연구 / refuse 거절하다, 거부하다 / without ~없이 / harm 해 / tomb 무덤 / discovery 발견
선택지 어휘 5 disorder 무질서

Chapter
11

What to Learn	**독해가 더 쉬워지는 Tip**
줄무늬 애벌레와 노랑 애벌레의 험난한 여정을 함께 읽어봐요.	give up -ing
지구와 달리 중력이 없는 우주의 생활 모습은 지구와는 아주 다르답니다.	would
점차 고갈되어가는 화석 연료를 대신할 신재생에너지에는 어떤 것들이 있는지 알아봐요.	use up
매미가 나타나는 주기가 수학과 관련 있다는 사실 알고 있나요?	believe it or not in one's favor

01 꽃들에게 희망을

교육부 지정 중학 필수 어휘 🎧

conflict	명 갈등, 충돌
	동 대립하다, 충돌하다
decline	명 감소, 하락
	동 1. 줄어들다 2. 거절하다, 사양하다
chase	동 뒤쫓다, 따라다니다
	명 추격
distract	동 집중이 안 되게 하다, 산만하게 하다
glow	동 빛나다
	명 (불꽃 없는 은은한) 빛
brilliant	형 1. 훌륭한, 멋진 2. 아주 밝은, 눈부신
belong	동 제자리에 있다
	※ belong to A A에 속하다, A의 소유물이다
destiny	명 운명

아래 해석을 참고하여 다음 각 빈칸에 적절한 단어를 위의 목록에서 골라 쓰세요. (동사의 시제와 명사의 수에 유의)

1   There was a _____ between the two boys last week. Since then, they don't talk to each other.

2   The dog _____ after his owner. He loved to play with her.

3   I offered my seat to an old lady on a bus, but she _____.

4   The noise from outside _____ me from studying yesterday.

5   The road was filled with the _____ from the street lights.

6   It was Romeo and Juliet's _____ to fall in love at first sight.

7   The bag _____ to me. It is mine.

8   Because the lights were too _____, I couldn't open my eyes.

해석 1 지난주에 두 남자아이 사이에 갈등이 있었다. 그 이후로 그들은 서로에게 말을 걸지 않는다. 2 그 개는 자기 주인을 쫓아갔다. 그 개는 그녀와 노는 것을 좋아했다. 3 나는 버스에서 나이 드신 여자분에게 자리를 양보했지만, 그분은 거절하셨다. 4 어제 밖에서 난 소리는 내가 공부하는 것을 산만하게 했다. 5 그 도로는 가로등의 빛으로 채워졌다. 6 첫눈에 사랑에 빠진 것은 로미오와 줄리엣의 운명이었다. 7 그 가방은 나의 소유물이다. 그것은 내 것이다. 8 그 불빛들은 무척 밝았기 때문에 나는 눈을 뜰 수 없었다.

줄무늬 애벌레(Stripe)는 태어난 후로 하루의 대부분을 먹고 자는 데 시간을 보냈어요. 그러던 어느 날, 그는 자신이 사는 세상에 무언가 더 있다고 생각하며 길을 떠나요. 그는 우연히 애벌레들이 서로 올라가려고 하는 하늘 높이 치솟아 있는 애벌레 기둥을 발견했어요. 그 기둥 위에 뭐가 있는지 궁금해진 줄무늬 애벌레는 다른 애벌레들과의 경쟁과 <u>conflict</u>를 무릅쓰고 기둥 위로 올라가기 시작했어요. **하지만 기둥 위로 올라가는 건 쉽지 않았고, 올라가기 위해서는 다른 애벌레들을 밀쳐야 했지요.** 점점 지쳐가던 줄무늬 애벌레는 노랑 애벌레(Yellow)를 만나게 돼요. 너무 지쳐 있던 둘은 더 올라가는 것이 의미 없다고 생각하고 다시 밑으로 내려가 새로운 삶을 시작하기로 해요.

SEE THE NEXT PAGE! »

1 밑줄 친 <u>conflict</u>에 해당하는 우리말을 고르세요.

① 산만함   ② 추격   ③ 갈등   ④ 추락

2 굵게 표시한 부분과 일치하도록 아래 단어를 알맞게 배열하여 문장을 완성하세요.

> But ＿＿＿＿＿＿＿＿＿＿＿＿＿＿＿＿＿＿＿＿ the pillar, and he had to push others to go up. (climb / it / up / easy / wasn't / to)

교과서 지식 Bank

중3 국어 - 문학의 가치

문학을 감상하는 것은 인간의 삶과 관련하여 문학이 지니는 다양한 가치를 이해하는 과정이에요. 문학은 우리의 마음과 생각을 움직이고, 우리를 성숙하게 만들어 주며, 우리에게 삶의 아름다움을 느끼게 해 주지요. 따라서 문학 작품을 깊이 있게 읽으면 우리는 한층 더 나은 삶을 살아갈 수 있답니다.

Stripe and Yellow loved each other. They ate, crawled, and even took a nap together. They got bigger and bigger day by day. They were happy because they had no conflict with anybody. However, Stripe soon started to wonder what was on top of the pillar again. He asked Yellow to go back there with

5　him, but she declined. Stripe left Yellow and headed for the pillar again. Yellow was lonely and began to wander. Then she met an old caterpillar. She chased after him and offered to help him, but he refused. He said he was getting ready to give up everything and begin a new life as a butterfly. Yellow decided to become a butterfly, too. So she began to cover herself with silky

10　threads. She was afraid, but nothing could distract her from falling asleep inside her cocoon.

In the meantime, Stripe had a hard time making his way to the top. When he reached it, he learned there was nothing there. So, he gave up and climbed back down. When he was finally down, he fell asleep. When he woke up, he

15　saw the glow of a brilliant yellow butterfly. She was talking to him, but he couldn't understand. The butterfly showed him the way to the empty cocoon which once belonged to her. As soon as Stripe saw it, he understood his destiny. Soon he made his own cocoon and gave up being a caterpillar. It was not the end for him. It was a new beginning.

*cocoon (곤충의) 고치

 독해가 더 쉬워지는 **Tip** ···

give up -ing : ~하는 것을 포기하다

*give up은 동명사를 목적어로 취하는 동사예요.

She had to **give up playing** soccer after she hurt her foot.
(그녀는 발을 다친 후로 **축구하는 것을 포기해야** 했다.)

Though the marathon was very challenging, I didn't want to **give up running**.
(마라톤은 정말 힘들었지만 나는 **달리는 것을 포기하고** 싶지 않았다.)

The man **gave up becoming** a lawyer after he failed the exam three years in a row.
(그 남자는 3년 연속으로 시험에 떨어진 후로 변호사가 **되는 것을 포기했다**.)

1 **Which of the following is the best title of the passage?**

① The Love Story of Stripe and Yellow
② The Stages of Becoming a Butterfly
③ The Efforts to Become a Butterfly
④ The Two Different Kinds of Caterpillars
⑤ The Journey of Two Caterpillars

2 **Which of the following is NOT true according to the passage?**

① Stripe wanted to climb the pillar with Yellow.
② Yellow didn't want to go back to the pillar with Stripe.
③ Yellow helped an old caterpillar to become a butterfly.
④ Stripe found nothing on the top of the pillar.
⑤ Yellow became a butterfly ahead of Stripe.

3 **Which of the following is the best word to describe the passage?**

① lively   ② depressing   ③ hopeful
④ boring   ⑤ upsetting

4 **What will probably happen to Stripe afterward?**

① He will go back to the top of the pillar.
③ He will meet an old caterpillar.
③ He will eat and crawl with Yellow again.
④ He will search for Yellow.
⑤ He will become a butterfly.

5 **Which of the following has the same meaning as "declined" in the paragraph?**

(a) She declined the invitation to the party. She said she had a test the next day.
(b) The number of visitors to the park declined. It went down by 20 percent.

stripe 줄무늬 / crawl 기다, 기어가다 / take a nap 낮잠을 자다 / wonder 궁금해하다 / pillar 기둥 / head (특정 지점으로) 가다, 향하다 / wander 돌아다니다, 헤매다 / caterpillar 애벌레 / offer 제안하다 / give up 포기하다 / silky 명주의 / thread 실 / meantime 그동안, 중간 시간 / make one's way 가다, 나아가다 / reach 도달하다 / as soon as ~하자마자
선택지 어휘 **1** journey 여정 **3** upsetting 속상하게 하는

교육부 지정 중학 필수 어휘 🎧

정답 및 해설 p.40

straw	몡 1. 짚, 밀짚 2. (음료를 마시는) 빨대
complex	혱 1. 복잡한, 얽히고설킨 2. 복합의, 합성의
blink	동 눈을 깜박거리다, 깜작이다 몡 (눈을) 깜박거림 ※ **in the blink of an eye** 눈 깜박할 사이에
attach	동 붙이다, 첨부하다
atmosphere	몡 1. (지구를 둘러싼) 대기 2. 분위기
fascinating	혱 대단히 흥미로운, 매력적인
thankful	혱 감사하는, 고맙게 여기는
exist	동 존재하다, 실존하다

아래 해석을 참고하여 다음 각 빈칸에 적절한 단어를 위의 목록에서 골라 쓰세요. (동사의 시제와 명사의 수에 유의)

1 Gases from cars and factories pollute the _____ of cities.

2 I believed that Santa Claus _____ until I was 9 years old.

3 Seoul is a _____ city. There are many fun places and interesting shops to visit.

4 The math question was very _____. No one in class solved it.

5 The students _____ a sign on the door. The sign says, "Please be quiet."

6 I am so _____ that you are not hurt. I was so worried about you.

7 He finished his meal in the _____ of an eye. He always eats fast.

8 The drink with a _____ in it is mine. The one without is yours.

해석 1 자동차와 공장으로부터 나오는 가스는 도시의 대기를 오염시킨다. 2 나는 아홉 살 때까지 산타클로스가 존재한다고 믿었다. 3 서울은 매력적인 도시이다. 방문하기에 재미있는 장소들과 흥미로운 상점들이 많다. 4 그 수학 문제는 너무 복잡했다. 반의 누구도 그것을 풀지 못했다. 5 그 학생들은 문에 표지판을 붙였다. 그 표지판에는 '제발 조용히 해주세요.'라고 쓰여 있다. 6 나는 네가 다치지 않은 것에 매우 감사해. 정말 많이 걱정했거든. 7 그는 눈 깜박할 사이에 그의 식사를 끝마쳤다. 그는 항상 빨리 먹는다. 8 빨대가 안에 있는 음료는 내 것이다. 없는 음료가 네 것이다.

여러분이 우주에 산다고 상상해보세요. 어떨 것 같나요? **지구는 대기로 둘러싸여 있기 때문에 우주와는 너무나도 달라요.** 한 가지 예를 들어볼까요? 지구에서는 모든 물건이 땅으로 떨어지게 되지요. 바로 중력 (gravity) 때문에요. 그러나 우주에서는 중력이 없기 때문에 모든 게 공중에 둥둥 떠다니게 되지요. TV나 영화에서 우주선 안의 모습을 본 기억이 있지요? 이처럼 중력이 없는 상태를 '무중력 상태'라고 불러요.

SEE THE NEXT PAGE! »

1   굵게 표시한 부분과 일치하도록 아래 빈칸에 적절한 단어를 쓰세요.

> Space is very different from the Earth because the Earth has an
> _____ around it.

2   이 글의 내용과 일치하도록 아래 단어를 알맞게 활용하여 문장을 완성하세요.

> Everything floats in space _____.
> (there / gravity / since / no / is)

교과서 지식 Bank

중1 과학 - 중력

공중에 떠 있는 사람이나 물체는 지구가 당기는 힘에 의해 바닥으로 떨어지는데, 이것은 지구가 물체를 당기는 힘이 작용하기 때문이에요. 이처럼 질량을 가진 두 물체가 서로 당기는 힘을 중력이라고 해요. 지표면에 있는 물체 외에도 지구에서 멀리 떨어진 달이나 태양도 지구와 서로 중력이 작용하고 있답니다.

With no gravity, like we have seen before in movies, everything would float. Water would float in the air in the perfect shape of a ball. To drink water, we would need to use straws. We would float in the air, too. Does this sound like fun? Well, it is more complex than you think. We would not only float, but

5 also fly off into space in the blink of an eye. Staying inside buildings would be safer at least for a while because most buildings are attached to the ground.

The Moon would also be lost in space because gravity is the only thing that keeps the Moon in orbit. Can you imagine the world without the Moon? The atmosphere and all water would begin to fly off into space, too. Earth's

10 oceans, lakes, and rivers would disappear. It would be fascinating to see fish and other sea animals floating in bubbles of water in the sky. How could we live without air and water? Don't worry. We would be carried away along with them into space. There would be no life left anywhere on Earth. So, don't blame gravity just because you can't fly. Be very thankful that it exists in

15 the world.

*orbit 궤도

 독해가 더 쉬워지는 Tip

현재 사실에 반대되는 가정이나 상상을 할 때 would

If I were you, I **would** call her right now and say sorry.
(만약 내가 너라면, 그녀에게 전화를 걸어 미안하다고 말할 **것이다**.)

If an earthquake happened, what **would** you do first?
(만약 지진이 일어난다면, 너는 가장 먼저 무엇을 할 **것이니**?)

Without rainforests, many kinds of animals and plants **would** disappear.
(우림 없이 많은 동식물 종류들이 사라**질 것이다**.)

1 **Which of the following is the best title of the passage?**

① How to Live without Gravity in Space
② Things that Float in the Air
③ New Facts Discovered about Gravity
④ How to Experience Gravity
⑤ The Earth without Gravity

2 **Which of the following is NOT true according to the passage?**

① 무중력 상태에서 물은 구의 형태로 떠다니게 된다.
② 무중력 상태에서 우리는 우주로 날아갈 것이다.
③ 중력이 사라지면 건물 안에 머무르는 것이 조금 더 안전할 것이다.
④ 중력은 달이 궤도에 머물게 하는 여러 요소 중 하나이다.
⑤ 중력이 없다면 지구에는 남겨진 생명체가 없을 것이다.

3 **Which of the following has the same meaning as "atmosphere" in the paragraph?**

(a) Using too much oil and gas causes pollution of the atmosphere.
(b) I love this restaurant because of its comfortable atmosphere.

4 **Fill in the blanks with the words from the passage.**

> Gravity is important to us because it keeps everything on the ground, including ourselves, water, and the atmosphere. Things that aren't _____(A)_____ would float in the air without _____(B)_____.

(A) _____   (B) _____

5 **Which of the following has a different usage of "would"?**

(a) If I were rich, I would build a spaceship.
(b) We knew that our teacher would scold us after the fight.
(c) He would be able to find the thief if he only had one more clue.

---

gravity 중력 / **float** (위쪽으로) 뜨다, 떠가다 / **fly off** 날아가 버리다 / **at least** 최소한, 적어도 / **for a while** 잠시 동안 / **imagine** 상상하다, 가정하다 / **disappear** 사라지다 / **carry away** ~을 휩쓸어 가다 / **blame** 책임을 지우다, ~의 탓으로 돌리다
선택지 어휘 **4 including** ~을 포함해서 **5 scold** 야단치다, 꾸짖다

자원을 다시 쓸 수 있다면

교육부 지정 중학 필수 어휘 🎧

정답 및 해설 p.42

exhaust	동 1. 기진맥진하게 하다 2. **다 써 버리다, 고갈시키다**
generate	동 1. (결과 · 행동 · 감정 등을) 일으키다, 초래하다 2. **(열 · 전기 등을) 발생시키다, 생기게 하다**
spoil	동 1. **망치다, 해치다, 손상하다** 2. 버릇없게 기르다
electricity	명 **전기, 전력**
vehicle	명 **탈것, 차**
toilet	명 1. **변기(통)** 2. 화장실
require	동 **필요로 하다, 요구하다**

아래 해석을 참고하여 다음 각 빈칸에 적절한 단어를 위의 목록에서 골라 쓰세요. (동사의 시제와 명사의 수에 유의)

1   The bears _____ all the food that they had saved for the winter.

2   Do not put anything into the _____, or it will stop working.

3   The government plans to build a new power station to _____ safe and clean energy.

4   Baking a cake _____ a lot of time and energy.

5   The rain _____ our plan to go camping this weekend. We just stayed home.

6   There's no _____. We can't turn on the lights.

7   He parked his _____ on the road and put his number on the window.

해석 **1** 그 곰들은 이번 겨울을 위해 저장해 놓은 모든 음식을 고갈시켰다. **2** 변기 안으로 아무것도 넣지 마라. 그렇지 않으면 그것은 작동을 멈출 것이다. **3** 정부는 안전하고 깨끗한 에너지를 발생시키기 위한 새로운 발전소를 지을 계획이다. **4** 케이크를 굽는 것은 많은 시간과 에너지를 필요로 한다. **5** 비는 주말에 캠핑을 가기로 했던 우리의 계획을 망쳤다. 우리는 그냥 집에 있었다. **6** 전기가 끊겼다. 우린 불을 켤 수 없다. **7** 그는 길에 자기 차를 주차했고 앞쪽에 자신의 번호를 남겨놓았다.

정답 및 해설 p.42

석탄, 석유, 천연가스 같은 화석 연료(fossil fuel)는 우리가 매일 사용하는 자원이에요. 이런 화석 연료를 사용해 <u>generate</u>되는 에너지로 우리 생활은 편리해졌지요. 예를 들어, **대부분의 _____(A)_____은 석유나 천연가스를 사용해 움직이고, 거의 모든 가전제품들은 _____(B)_____로 작동이 되지요.** 하지만 이 화석 연료는 한정되어 있고, 이것을 사용할 때 발생하는 오염 물질들은 환경을 파괴하는 주범이기도 해요. 따라서 오랜 시간 동안 과학자들은 화석 연료를 대체할 만한 신재생에너지(renewable energy)에 대해서 끊임없이 연구 중이랍니다.

SEE THE NEXT PAGE! ≫

1 밑줄 친 <u>generate</u>에 해당하는 우리말을 고르세요.

① 손상하다   ② 고갈시키다   ③ 발생시키다   ④ 요구하다

2 굵게 표시한 부분과 일치하도록 아래 빈칸 (A)와 (B)에 알맞은 말을 고르세요.

Most _____(A)_____ run on oil or natural gas, and almost every appliance operates using _____(B)_____.

*appliance (가정용) 전기제품

① electricity   ② toilets   ③ spoil   ④ vehicles

(A): _____   (B): _____

교과서 지식 Bank

중학 사회2 - 자원

인간 생활에 이용되는 상품을 만드는 데 사용되는 원료나 에너지를 자원이라고 해요. 좁은 의미에서 자원이라 하면 석탄, 석유, 철광석, 토지, 물, 삼림 등의 천연자원을 말하는데, 이러한 자원은 공업 원료나 에너지 등으로 이용되지요. 한편, 생산 활동에 영향을 주는 인간의 노동력, 창의력 등의 인적 자원과 사회 제도, 조직 등도 넓은 의미에서는 자원에 포함된답니다.

Renewable energy uses sources that we cannot exhaust. For example, solar energy is power generated from sunlight. We call it "renewable" because we will not use up all the sunlight. Unlike fossil fuels, renewable energy, or green energy, doesn't spoil the environment. There are several types, and biogas is
5   one of them.

Biogas is made from natural waste with bacteria. As the bacteria break down the waste, a lot of energy is produced. In Brazil and India, people use natural waste to make electricity. One kilogram of waste can produce enough biogas to keep a light on for four hours. Scientists in Sweden have even found
10   a way to make biogas for vehicles from toilet waste. A year's waste from 70 toilets can create enough gas to drive a small car 16,000 kilometers.

Fuels are also made from things that _____. Materials such as wood, coconut, and sugar cane are used to make fuel called biofuel. In Brazil, cars and buses have used fuel from sugar cane for years. The main problem with
15   some biofuels is that they require a lot of land. This means there is less land to grow food.

*fossil fuel 화석 연료

**biogas 바이오가스 《미생물 발효 등의 생물 반응에 의해 생성되는 연료용 가스》

***biofuel 바이오 연료 《생물의 연소나 발효 과정에 의해 생성되는 연료》

🔍 독해가 더 쉬워지는 Tip ●●●

use up : ~을 다 써버리다

I **used up** all of my energy yesterday at the gym.
(나는 어제 체육관에서 내 에너지를 다 **써버렸다**.)

Don't **use up** all the butter. I want to bake a cake later.
(버터를 다 **쓰지** 마. 난 나중에 케이크를 굽고 싶어.)

1 **Which of the following is the best title of the passage?**

① What Is Biofuel?
② Different Sources of Renewable Energy
③ How Energy Comes From Bacteria
④ Fossil Fuels Hurting the Environment
⑤ Bacteria: An Important Part of Biogas

2 **Which of the following is NOT true according to the passage?**

① Solar energy is a type of renewable energy.
② When bacteria break down waste, a lot of energy is required.
③ Biogas can be generated even with toilet waste.
④ Things like coconuts and sugar cane are used to create biofuel.
⑤ To make biofuel, we need a lot of land to grow plants for energy, not food.

3 **Which of the following best fits in the blank?**

① waste　　② reuse　　③ improve　　④ consume　　⑤ grow

4 **Find the word in the passage which fits in the blanks (A) and (B).**

(1) If you buy everything for your child, you are going to ____(A)____ him.
(2) If you throw garbage everywhere, you are going to ____(B)____ the environment.

---

renewable 재생 가능한 / source 원천, 근원 / solar 태양의 / use up ~을 다 써버리다 / environment 환경 / several 여러 가지 / waste 쓰레기, 폐기물 / bacteria 박테리아 / break down 분해하다 / produce 생산하다 / fuel 연료 / material 재료, 원료 / sugar cane 사탕수수

교육부 지정 중학 필수 어휘

정답 및 해설 p.44

intelligent	형 똑똑한, 총명한
specific	형 1. 구체적인, 명확한 2. **특정한**
emerge	동 나오다, 모습을 드러내다
boost	동 1. (뒤 · 밑에서) 밀어 올리다 2. **올리다, 증가하다, 커지다**
extinct	형 **멸종된, 사라진**
favor	명 1. 호의, 친절 2. **유리, 이익**
snake	명 뱀
buzz	동 **윙윙거리다** 명 윙윙거림
amusing	형 재미있는, 흥미 있는

아래 해석을 참고하여 다음 각 빈칸에 적절한 단어를 위의 목록에서 골라 쓰세요. (동사의 시제와 명사의 수에 유의)

1   As the show began, the actor _____ from behind a curtain.

2   His story was so _____ that I didn't realize how much time had passed.

3   The customer chose a _____ day to pick up the cake. It was her birthday.

4   Luck was in _____ of our team. We won the game by a score of 4 to 1.

5   The store had to _____ the price of vegetables because the harvest this year was poor.

6   The _____ boy solved all the math problems in the book.

7   We can't see dinosaurs anymore because they went _____ a long time ago.

8   I went to a mountain last weekend and saw a huge _____. I was afraid and ran away.

9   The bee was _____ around the flower.

해석 1 연극이 시작하자, 그 배우는 커튼 뒤에서 나왔다. 2 그의 이야기가 너무 재미있는 나머지 나는 시간이 어떻게 흘렀는지 알지 못했다. 3 그 고객은 케이크를 찾을 특정한 날짜를 정했다. 그것은 그녀의 생일날이었다. 4 운은 우리 팀에게 유리했다. 우리는 4 대 1로 게임을 이겼다. 5 올해 수확이 좋지 않아서 그 가게는 채소 가격을 올려야 했다. 6 그 똑똑한 소년은 책에 있던 수학 문제를 모두 풀었다. 7 공룡은 아주 오래전에 멸종되었기 때문에 우리는 것들을 더는 볼 수 없다. 8 나는 저번 주말에 산에 갔고 큰 뱀을 봤다. 나는 무서웠고 도망갔다. 9 그 벌은 꽃 주변에서 윙윙거리고 있었다.

'여름'이라고 하면 이글거리는 태양과 시원한 수박, 나무에서 맴맴 울어대는 매미(cicada)가 떠오르죠? 소리가 좀 시끄럽긴 하지만, 땅속에서 아주 오랜 시간을 살다가 **땅 위로 올라와 겨우 2~4주 살다가 죽는 걸 생각하면** 안쓰럽기도 하지요.

매년 여름이면 들리는 매미 소리이지만, 어떤 해는 다른 해보다 유독 더 시끄럽게 들릴 때가 있어요. 이건 우리의 기분 탓만은 아니에요. 매미에게 있는 아주 <u>specific</u>한 소수를 사용하는 생존 전략 때문이라고 해요.

SEE THE NEXT PAGE! »

1 굵게 표시한 부분과 일치하도록 아래 단어를 알맞게 배열하여 문장을 완성하세요.

> You may feel sorry for cicadas because they live for only _____
> _____.
> (ground / they / after / 2 / weeks / to / come / 4 / above)

2 밑줄 친 specific에 해당하는 우리말을 고르세요.

① 유리한   ② 신기한   ③ 특정한   ④ 똑똑한

교과서 지식 Bank

중2 수학 - 소수

수학에서 '소수'는 두 가지의 의미가 있어요. 일의 자리보다 작은 자릿값을 가진 수를 의미하지요. 소수와 자연수를 구분하기 위해 소수점을 사용해 0.1, 0.2, 0.3과 같이 표현해요. 또 다른 '소수'의 의미는 1보다 큰 자연수 중에서 1과 그 자연수만을 약수로 가지는 수를 의미해요. 2, 3, 5, 6, 11, 13, 17, 19 등은 모두 소수에 해당이 되지요.

Believe it or not, cicadas are very intelligent bugs because they know how to use mathematics in their lives. Cicadas come above ground only on specific years. One type of cicada only emerges every 13 years and another every 17, but no type comes out every 12, 14, 15, 16, or 18 years. They follow prime numbers in their life cycles. This boosts their chance to avoid becoming extinct. Most things that eat cicadas come above ground every 2, 3, 4, or 5 years. Clearly, the math works in the cicadas' favor.

Baby cicadas are grouped based on the year they will go above the ground. They hide in the ground almost right away after birth. One group has been waiting underground for 17 years, and they will go above the ground all together. Since lots of cicadas appear at the same time, it reduces the chance to be eaten by birds and snakes or other enemies. As a result, some summers are _____ than others because all the cicadas are buzzing together.

Even though no one can explain why cicadas select 13 and 17 among the many prime numbers, cicadas are amusing and clever bugs based on the facts we know so far!

*cicada 매미

**prime number 소수

🔍 독해가 더 쉬워지는 Tip ••

believe it or not : 믿기 힘들겠지만 (이것은 사실이다)

Believe it or not, the famous singer asked me to marry him!
(믿기 **힘들겠지만**, 그 유명한 가수가 나에게 청혼했다!)

in one's favor : ~에 유리하게

Sometimes a mistake can work out **in one's favor**.
(가끔은 실수가 **유리하게** 작용할 때가 있다.)

1 **Which of the following is the best title of the passage?**

① What Is a Prime Number?
② What Makes Cicadas So Loud?
③ Why Do Cicadas Cry in Summer?
④ Cicadas Survive Using Mathematics
⑤ Math Helps Bugs to Avoid Their Enemies

2 **Which of the following is NOT true according to the passage?**

① Cicadas avoid coming out every 13 and 17 years.
② Cicadas reduce their risk of dying out using prime numbers.
③ Cicadas live their lives based on prime numbers.
④ Cicadas avoid their enemies with math.
⑤ Cicadas stay in the ground and come above the ground in groups.

3 **Which of the following best fits in the blank?**

① much hotter   ② less hot   ③ much louder
④ less loud   ⑤ much quieter

4 **How do the baby cicadas make groups? Write the answer in Korean.**

_____

5 **Find the word in the passage which has the given meaning.**

> no longer in existence

_____

bug 벌레, (작은) 곤충 / mathematics 수학 / life cycle 생애 주기 / avoid 피하다 / in one's favor ~에 유리하게 / group 무리를 짓다; 무리 / underground 지하에 / appear 나타나다 / reduce 줄이다 / enemy 적 / even though 비록 ~일지라도 / select 선발하다, 선택하다 / so far 지금까지
선택지 어휘 5 existence 존재, 현존

Chapter 12

What to Learn	**독해가 더 쉬워지는 Tip**
허난설헌은 허균의 누나였을 뿐 아니라 아주 훌륭한 시인이기도 했답니다.	**in memory of**
많은 사람들을 괴롭게 하는 변비는 도대체 왜 생기는지 알아봅시다.	**dry out**
우리나라에서 분수가 처음 사용된 건 언제, 누구에 의해서인지 알아봐요.	**re-**
캄보디아의 슬픈 역사로 남은 킬링필드에 대해 알아봅시다.	기수 — 서수

교육부 지정 중학 필수 어휘 🎧

정답 및 해설 p.47

author	명 작가, 저자
	동 쓰다, 저술하다
novel	명 소설
	형 새로운, 신기한
poet	명 시인
strict	형 엄격한, 엄한
ideal	형 이상적인, 완벽한
	명 이상
attitude	명 태도, 자세, 사고방식
praise	명 칭찬, 찬사
	동 칭찬하다

아래 해석을 참고하여 다음 각 빈칸에 적절한 단어를 위의 목록에서 골라 쓰세요. (동사의 시제와 명사의 수에 유의)

1   She was raised under _____ parents and grew up to be a serious woman.

2   His new _____ got very popular among teenagers, and the writer became a star.

3   The _____ of the Harry Potter series had a book signing at a bookstore.

4   Her _____ in work is very positive. That is why she has become successful.

5   The _____ wrote poems about nature and the environment.

6   The _____ plan is to go to the beach and have a barbecue party after swimming.

7   People _____ the pianist after her first performance.

해석 1 그녀는 엄격한 부모 밑에서 자랐고, 진지한 여성으로 성장했다. 2 그의 새 소설은 십 대들 사이에서 큰 인기를 얻어서 그 작가가 스타가 되었다. 3 해리포터 시리즈의 작가가 서점에서 사인회를 열었다. 4 그녀의 일에 대한 자세는 정말 긍정적이다. 그것은 그녀가 성공한 이유이다. 5 그 시인은 자연과 환경에 관한 시를 썼다. 6 이상적인 계획은 해변에 가서 수영한 뒤에 바비큐 파티를 하는 것이다. 7 사람들은 그녀의 첫 번째 공연이 끝난 후, 그 피아니스트를 칭찬했다.

「홍길동전」은 최초의 한글 소설로 잘 알려져 있는데요, 이 작품을 쓴 허균은 조선 중기의 사회 모순을 비판한 문신이자 작가였어요. 허균에게는 여섯 살 많은 누나가 하나 있었는데, 우리도 잘 알고 있는 허난설헌입니다. 그녀는 어릴 때부터 글을 읽고 시를 짓는 것을 좋아해 평생 시를 짓고 그림을 그리며 살고 싶어 했어요. 하지만 일찍 시집을 가서 남편을 돌보며 살림을 해야 했고, 젊은 나이에 어린 자식을 잃고 고통스러운 나날을 보내게 되었어요. 허난설헌은 27세라는 젊은 나이에 세상을 떠나고 말았지만, 그녀가 남긴 시의 문학적 수준이 뛰어나다는 점과 <u>strict</u>하고 보수적인 조선 사회에서도 여성으로서 작품 활동을 했다는 점에서 높이 인정받고 있어요.

SEE THE NEXT PAGE! »

1   밑줄 친 strict에 해당하는 우리말을 쓰세요.

_____

2   이 글의 내용과 일치하면 T, 그렇지 않으면 F를 쓰세요.

(1) 허균보다 여섯 살 많았다.   _____

(2) 어린 시절부터 책과 시 짓기를 좋아했다.   _____

(3) 조선 사회의 보수적인 분위기 때문에 작품 활동을 하지 않았다.   _____

교과서 지식 Bank

중3 국어 - 문학 작품과 사회·문화·역사적 상황

조선은 철저한 신분 사회로, 어머니가 천민인 서자들은 아버지가 양반이라 하더라도 사회적으로 푸대접을 받았어요. 「홍길동전」에는 그러한 사회 상황과 그 속에서 겪은 홍길동의 갈등이 잘 드러나 있지요. 이렇듯 문학 작품에는 작가가 사회의 구성원으로서 경험하는 사회·문화·역사적 상황이 반영된답니다.

Heo Kyun was an author. He wrote *The Tale of Hong Gildong*, the first novel ever written in Korean. His sister, Heo Nanseolheon, was a poet. This was an uncommon job for a woman. In the Joseon dynasty, women's social lives were controlled in a strict way. (①) They weren't even allowed to have an education, because their only role was to have children and bring them up. (②) They were open to women in social activities. They provided her with an education so that she could learn about literature and writing. Thanks to her family's support, she could develop her talent for writing at a young age. (③) She surprised everyone by writing a poem when she was only eight years old.

She wrote lots of poems during her lifetime, until she died at the age of twenty-seven. (④) Her poems were about her marriage, her love for her children and her family, or ideal worlds beyond reality.

A few years after she died, Heo Kyun, in memory of his sister, published a book of poems in China that Heo Nanseolheon had written. (⑤) Sadly, it didn't attract much attention in Joseon because of Joseon's closed attitudes towards women. Interestingly, however, it became very famous in China and Japan. Many people in China and Japan read her poems and highly praised her ability to write.

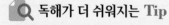

독해가 더 쉬워지는 **Tip**

in memory of : ~을 기념하여, 추모하여

He founded the school **in memory of** his dead father.
(그는 돌아가신 아버지를 추모하여 그 학교를 세웠다.)

The author wrote the book **in memory of** his mother.
(그 작가는 자신의 어머니를 추모하여 그 책을 지었다.)

1 **Which of the following is the best topic of the passage?**

① Heo Nanseolheon's family history
② a book of Heo Nanseolheon
③ a great female poet of Joseon
④ women's role in Joseon
⑤ famous poems of Joseon

2 **Which of the following is NOT mentioned in the passage?**

① women's social lives in Joseon
② the contents of Heo Nanseolheon's poems
③ the number of Heo Nanseolheon's poems
④ who published the book of Heo Nanseolheon's poems
⑤ Chinese people's reaction to Heo Nanseolheon's poems

3 **Where would the following sentence best fit?**

However, Heo Nanseolheon's family was different.

①   ②   ③   ④   ⑤

4 **Explain why Heo Nanseolheon's poems didn't attract much attention in Joseon? Use the words from the passage.**

It was because of _____.

5 **Which of the following has the same meaning as "novel" in the first paragraph?**

(a) He came up with a <u>novel</u> idea to fix the problem.
(b) Her <u>novel</u> was so interesting that it became a best-seller.

tale 소설, 이야기 / uncommon 드문, 흔하지 않은 / dynasty 왕조 / social 사회적인 / control 통제하다 / allow 허락하다 / role 역할 / bring up ~을 기르다, 양육하다 / provide 제공하다 / literature 문학 / thanks to ~ 덕분에 / support 지지, 지원 / develop 발달시키다, 발전시키다 / poem 시 / marriage 결혼 생활 / beyond ~의 범위를 넘어서 / reality 현실 / in memory of ~을 기념하여, 추모하여 / publish 출판하다 / attract 끌다 / attention 주의, 주목 / closed 폐쇄적인 / toward(s) ~ 향하여, ~에 대하여 / highly 크게, 대단히 / ability 능력
선택지 어휘 2 reaction 반응   5 best-seller 베스트셀러

교육부 지정 중학 필수 어휘

정답 및 해설 p.49

risk	몡 위험, 위험요소
	동 1. 위태롭게 하다 2. 위험을 무릅쓰다
promote	동 1. ~을 증진[촉진]하다, 진척시키다 2. ~을 승진[진급]시키다
prove	동 입증하다, 증명하다
upset	형 속상한
	동 속상하게 만들다
	명 속상함, 혼란
emotion	명 감정, 정서
function	명 기능
	동 기능하다, 작동하다
contribute	동 1. 기부하다, 기증하다 2. ~의 원인이 되다
alter	동 바꾸다, 변하다

아래 해석을 참고하여 다음 각 빈칸에 적절한 단어를 위의 목록에서 골라 쓰세요. (동사의 시제와 명사의 수에 유의)

1 The news about the fire gave me an _____. I hope no one got hurt.

2 The city started to _____ using the public transportation for the environment.

3 I have to _____ my appointment to a different date.

4 As a doctor, he has to control his _____ when he delivers bad news to his patients.

5 The _____ of an umbrella is to keep you from getting wet.

6 Drinking too much soda will _____ to weight gain.

7 She _____ her ability at the audition. She got the highest score.

8 Having balanced meals can decrease the _____ of many diseases.

해석 1 화재 관련 뉴스는 나에게 속상함을 안겨주었다. 아무도 다치지 않았기를 바란다. 2 그 도시는 환경을 위해 대중교통을 사용할 것을 촉진하기 시작했다. 3 나는 다른 날짜로 예약을 바꿔야 한다. 4 의사로서 그는 환자들에게 안 좋은 소식을 전달할 때 자신의 감정들을 조절해야 한다. 5 우산의 기능은 젖는 것으로부터 너를 보호해주는 것이다. 6 음료수를 너무 많이 마시는 것은 몸무게 증가의 원인이 될 것이다. 7 그녀는 오디션에서 자신의 능력을 입증했다. 그녀는 최고 점수를 받았다. 8 균형 잡힌 식사는 많은 질병의 위험을 줄여줄 수 있다.

우리는 왜 매일, 하루에도 몇 번씩 배가 고픈 걸까요? 그건 바로 음식물의 소화가 이루어지기 때문이에요. 섭취한 음식이 소화되고 나면 다른 음식물을 통해 영양소를 공급받으려 하는 것이죠. 그렇다면 소화 과정이 끝난 후 우리 몸에선 어떤 일이 일어나나요? 음식물에 들어있는 영양소가 소장에 흡수되고 나면 그 나머지는 대장으로 내려갑니다. 대장은 이 나머지를 대변의 형태로 만들고 배출하는 <u>function</u>을 해요. 그런데 그 배출이 원활하지 않을 때 생기는 것이 바로 변비! 대부분 변비를 대수롭지 않게 여기곤 하지만 변비가 오랜 기간 지속되면 노폐물이 몸속에 오래 머무르면서 건강에 좋지 않은 영향을 주기도 해요.

SEE THE NEXT PAGE! ≫

1   밑줄 친 function에 해당하는 우리말을 고르세요.

① 기능   ② 운동   ③ 촉진

2   이 글의 내용과 일치하면 T, 그렇지 않으면 F를 쓰세요.

(1) 음식물의 소화는 우리를 배고프게 만든다.   _____

(2) 영양소가 흡수되면 그 나머지는 소장으로 내려간다.   _____

(3) 변비가 오래 지속되면 몸에 안 좋은 영향을 준다.   _____

교과서 지식 Bank

중2 과학 - 대장의 작용

대장은 소장에서 항문까지 연결된 관으로, 길이는 1.5m 정도 돼요. 대장에서는 소장에서 흡수되고 남은 물이 흡수되는데, 이때 음식물 찌꺼기는 단단한 덩어리로 변해 대장 근육의 꿈틀 운동으로 항문까지 이동해요.

You get constipation when you have a diet that doesn't include enough water and fiber. Many sodas and drinks can dry out your body because they have caffeine. Also, processed foods, cheese, white bread, and meat are low in fiber. Try to avoid them. Having enough water and high-fiber foods will
5 _____ the risk of constipation because they help the intestines work. Drink plenty of water regularly. Eat a healthier diet with high-fiber foods like fruits, vegetables, and whole grains.

Stress also promotes constipation. You might have constipation when you are anxious about something, like starting at a new school or problems at
10 home. Research has proven that emotional upsets and negative emotions can influence our body functions and contribute to constipation.

Constipation may also occur when our life patterns change. These patterns include when we eat, when we go to bed, when we wake up, and when we use the bathroom. Altering any of these raises the possibility of getting
15 constipation.

*constipation 변비

**fiber 섬유질

***intestine 장

🔍 독해가 더 쉬워지는 **Tip** ••

dry out : 메말라지다, ~을 건조하게 하다

The blazing sun **dried out** the lake. There was no water at all.
(불타는 태양은 호수를 메마르게 만들었다. 그곳엔 물이 하나도 없었다.)

Leave your swimsuit in the sun so it will **dry out**.
(수영복이 **마르도록** 이것을 햇볕에 두어라.)

1 **Which of the following is the best topic of the passage?**

① the side effects of going on a diet
② the causes of constipation
③ the importance of healthy meals
④ the problems of constipation
⑤ the diseases that stress causes

2 **Which of the following best fits in the blank?**

① keep   ② increase   ③ show
④ reduce   ⑤ cause

3 **Which of the following CAN be answered from the passage?**

① How does caffeine make your body dry?
② What kind of food should you eat to avoid constipation?
③ What happens when you have constipation?
④ What should you do to relieve your stress?
⑤ What kind of food can help you manage stress?

4 **Find the word in the passage which fits in the blanks (A) and (B).**

(1) Would you like to _____(A)_____ to helping children in need?
(2) Heavy rains can _____(B)_____ to a dam's collapse.

_____

5 **Find the word in the passage which has the given meaning.**

the chance that something bad or dangerous can happen

_____

diet 식사, 식습관 / include 포함하다 / dry out 메말라지다, ~을 건조하게 하다 / caffeine 카페인 / processed 가공(처리)한 / avoid 피하다 / plenty of 많은 / regularly 규칙적으로 / whole grain 통곡식, 통곡물 / anxious 불안해하는, 염려하는 / research 연구 / emotional 감정적 인 / influence 영향을 주다 / occur 발생하다, 일어나다 / pattern (사고 · 행동 등의) 양식, 패턴 / possibility 가능성
선택지 어휘 **1 side effect** 부작용   **4 collapse** 붕괴

03 옛날 우리나라에서도 분수를 사용했을까요?

교육부 지정 중학 필수 어휘

정답 및 해설 p.51

translate	동 번역하다, 통역하다
content	명 1. (그릇·상자 등의) 내용물 2. (서적·문서 등의) 내용, 기사
tough	형 1. 힘든, 어려운 2. 강인한, 굳센
fundamental	형 1. 기본적인, 기초의 2. 핵심적인, 필수적인 명 1. 기본, 기초 2. 원리, 원칙
delete	동 삭제하다
progress	명 진전, 발전 동 진전을 보이다
instruct	동 1. 지시하다 2. 가르치다, 알려주다
achieve	동 이루다, 달성하다
approach	동 다가가다, 접근하다 명 접근법
organize	동 1. 준비하다 2. 편성하다, 체계화하다

아래 해석을 참고하여 다음 각 빈칸에 적절한 단어를 위의 목록에서 골라 쓰세요. (동사의 시제와 명사의 수에 유의)

1   The trainer _____ the employees about how to use the new computer system.

2   He _____ Korean into English for his grandmother when he visited her.

3   The best _____ to studying is to focus on textbooks and notes.

4   She is trying her best to _____ her dream of becoming a singer.

5   Hard work is _____ to a successful life.

6   Where to visit next summer was a _____ decision to make.

7   I _____ all the files on my computer because I didn't need them anymore.

8   You will need a lot of time to understand the _____ of the book.

9   After he took extra lessons after school, the boy started to make _____ in math.

10   The new library _____ books based on subjects.

해석 1 그 교육 담당자는 새로운 컴퓨터 시스템을 어떻게 사용하는지를 직원들에게 알려주었다. 2 그는 할머니를 방문했을 때, 그녀를 위해서 한국어를 영어로 통역했다. 3 공부의 가장 좋은 접근법은 교과서와 노트에 초점을 맞추는 것이다. 4 그녀는 가수가 되겠다는 자신의 꿈을 이루기 위해서 최선을 다하고 있다. 5 열심히 일하는 것은 성공적인 인생에 필수적이다. 6 다음 여름에 어디에 방문할지는 내리기 힘든 결정이었다. 7 나는 그것들이 더는 필요 없어서 내 컴퓨터에 있는 파일을 모두 삭제했다. 8 너는 그 책의 내용을 이해하기 위해 많은 시간이 필요할 것이다. 9 방과 후 추가 수업을 들은 후에 그 남자아이는 수학에 진전을 보였다. 10 새 도서관은 과목에 기반을 두어 책을 편성하였다.

　　물건 한 개를 여럿이서 나누어 본 적이 있나요? 이런 상황에서 사용되는 것이 바로 '분수'인데요. 아주 오랜 옛날에는 자연수만으로도 숫자를 나타내는 데 어려움이 없었지만, 사회가 복잡해지고 물물 교환이 빈번히 일어나게 되면서 1보다 작은 숫자가 필요해졌답니다. 제일 먼저 분수를 사용한 사람들이 고대 이집트인들인데요, 그들은 분자가 1인 분수만 사용했다고 해요. 그렇다면, 옛날 우리나라에서도 분수를 사용했을까요? 우리나라에서의 첫 번째 분수는 다양한 업적을 <u>achieve</u>한 조선 시대의 수학자, 남병길의 책 「구장술해(九章術解)」에서 찾을 수 있답니다.

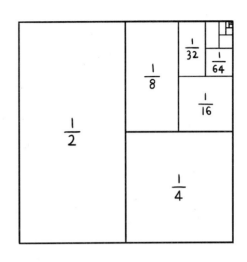

SEE THE NEXT PAGE! ≫

1　밑줄 친 <u>achieve</u>에 해당하는 우리말을 쓰세요.

_____

2　이 글의 내용과 일치하면 T, 그렇지 않으면 F를 쓰세요.

(1) 물물 교환이 활성화되면서 1보다 작은 숫자가 필요해졌다. 　　　_____

(2) 이집트인들은 분자가 1인 분수만 사용했다. 　　　_____

(3) 우리나라에서는 고려 시대의 수학자가 쓴 책에 분수가 등장한다. 　　　_____

교과서 지식 Bank

중1 수학 - 분수의 사칙계산

덧셈, 뺄셈 - 분모가 다른 분수끼리의 덧셈과 뺄셈은 통분하여 계산해요.

곱셈 - 분모는 분모끼리, 분자는 분자끼리 곱하여 계산해요.

나눗셈 - 곱셈으로 고쳐서 계산해요.

$$\frac{1}{2}+\frac{3}{4}=\frac{2+3}{4}=\frac{5}{4} \qquad \frac{1}{2}\times\frac{3}{4}=\frac{1\times3}{2\times4}=\frac{3}{8} \qquad \frac{1}{2}\div\frac{2}{3}=\frac{1}{2}\times\frac{3}{2}=\frac{1\times3}{2\times2}=\frac{3}{4}$$

The ideas in *Goojangsoolhae* were first introduced to Korea from a Chinese math book called *Gujangsansul*. (①) It was translated and rewritten in Korean by another mathematician. _____, most of the contents were poorly written and the explanations were tough to understand. So, Nam Byung-Gil wrote the book again. (②) He added important and fundamental explanations and deleted parts that were not helpful. Through his *Goojangsoolhae*, he made great progress in Korean math.

In the first chapter of *Goojangsoolhae*, the meaning of fractions and some examples are given. (③) There are math problems showing how to find the answer for the sum of fractions that have different denominators. Not only that, there are directions that instruct us on how to read fractions correctly. (④) The interesting thing is that we can see in this book that the way to read fractions in his time was the same as the way we read them today.

(⑤) Nam Byung-Gil wrote about 30 math books and also achieved many great things in math. His books broke the traditional approach of preserving things and took a modern style of improving and organizing systems in a different way.

*fraction 분수; 부분, 일부

**denominator 분모

🔍 **독해가 더 쉬워지는 Tip** ●●●

re- : 다시

re-(다시) + use(사용하다) → **re**use(재사용하다)
re-(다시) + fill(채우다) → **re**fill(다시 채우다, 리필하다)
re-(다시) + start(시작하다) → **re**start(다시 시작하다, 재개하다)
re-(다시) + write(쓰다) → **re**write(다시 쓰다, 고쳐 쓰다)

1 **Which of the following is the best topic of the passage?**

① how a famous math book came from China
② difficult math questions that connot be solved
③ the rewritten Korean version of *Goojangsoolhae*
④ how Nam Byung-Gil changed the history of math in Korea
⑤ the math problems about factions solved by Nam Byung-Gil

2 **Which of the following is NOT true according to the passage?**

① 이전의 「구장술해」는 이해하기 어려웠다.
② 남병길은 「구장술해」를 다시 썼다.
③ 남병길은 기존의 책을 개선하고 변화시켰다.
④ 「구장술해」에는 다양한 수학 문제들이 실려 있다.
⑤ 그 당시에 분수를 읽는 방법은 지금의 방법과 달랐다.

3 **Where would the following sentence best fit?**

> In his book, he did not just rewrite the Chinese math in Korean.

①   ②   ③   ④   ⑤

4 **Which of the following best fits in the blank?**

① Therefore   ② In addition   ③ Similarly
④ However   ⑤ As a result

5 **Find the word in the passage which fits in the blanks (A) and (B).**

> (1) It was a ___(A)___ question to answer. I still don't know the answer.
> (2) A ___(B)___ man broke down the door and saved the child inside.

---

rewrite 다시 쓰다 / **mathematician** 수학자 / **poorly** 서툴게 / **explanation** 설명 / **sum** 합, 합계 / **directions** 안내서, 사용법 / **traditional** 전통적인 / **preserve** 지키다, 보존하다 / **modern** 현대의, 근대의 / **improve** 개선하다 / **system** 체제, 제도

교육부 지정 중학 필수 어휘

정답 및 해설 p.53

tragic	형 비극적인
injure	동 부상을 입히다, 해치다
scale	명 1. 규모, 범위 2. 저울
population	명 인구
arrest	동 체포하다 명 체포
lawyer	명 변호사
reward	명 보상 동 보상하다, 답례하다
lack	명 부족, 결핍 동 ~이 없다, 부족하다
survey	명 설문 조사 동 조사하다

아래 해석을 참고하여 다음 각 빈칸에 적절한 단어를 위의 목록에서 골라 쓰세요. (동사의 시제와 명사의 수에 유의)

1   The marketing team _____ customers' opinions for a month.

2   The _____ of Seoul is over 10 million.

3   *Romeo and Juliet* is one of the most _____ stories I've ever read.

4   He _____ his younger brother, but it was a mistake.

5   The _____ for winning the game was a new TV.

6   The _____ of attention made the child feel very lonely.

7   On a _____ of 1 to 10, how much do you like math?

8   To become a _____ you have to get into a law school first.

9   The police _____ the man who stole a watch from the shop.

해석 1 마케팅팀은 한 달간 고객들의 의견을 조사했다. 2 서울의 인구는 천만 명이 넘는다. 3 『로미오와 줄리엣』은 내가 읽은 이야기 중에 가장 비극적인 이야기다. 4 그는 남동생에게 부상을 입혔지만, 그것은 실수였다. 5 그 게임에서 이긴 보상은 새 텔레비전이었다. 6 관심의 부족은 아이를 매우 외롭게 만들었다. 7 1부터 10까지의 범위 중, 당신은 수학을 얼마나 좋아하나요? 8 변호사가 되기 위해 너는 먼저 법대에 들어가야 한다. 9 경찰은 상점에서 시계를 훔친 남자를 체포했다.

캄보디아(Cambodia)는 아름다운 유적 앙코르와트로 유명한 나라죠. 경제 수준은 낮지만 국민들의 행복지수는 높은 나라로도 유명하고요. 매년 많은 관광객들이 찾는 아름다운 곳이지만 한때 아주 **tragic**한 사건이 있었던 곳이기도 해요. 1975년, 베트남 전쟁이 끝난 후 캄보디아의 폴 포트(Pol Pot)는 미국과 우호적인 관계를 유지하던 캄보디아 정권을 몰아내고 공산주의 무장단체인 크메르 루즈(Khmer Rouge) 정권을 세웠어요. 크메르 루즈는 노동자와 농민을 위한 나라를 건설한다는 명분으로 엄청난 사건을 일으켜요.

SEE THE NEXT PAGE! ≫

1 밑줄 친 tragic에 해당하는 우리말을 쓰세요.

_____

2 이 글의 내용과 일치하면 T, 그렇지 않으면 F를 쓰세요.

(1) 캄보디아는 원래 미국 정부와 친밀한 관계를 갖고 있었다.   _____

(2) 크메르 루즈는 민주주의 평화시민단체이다.   _____

(3) 크메르 루즈는 노동자와 농민을 위한다는 명분을 내세웠다.   _____

교과서 지식 Bank

중학 역사2 - 베트남 전쟁

미국은 베트남이 공산화되는 것을 막기 위해 1961년부터 군대를 파견했어요. 그 후 50만 명이 넘는 군인을 베트남에 파견했고, 연일 북베트남을 폭격했지요. 하지만 전쟁이 장기화되면서 국내외 반전 여론이 심해지자 미국은 군대를 철수했고, 1975년 전쟁은 끝났답니다. 이 전쟁으로 베트남의 주변국인 캄보디아도 미군의 폭격을 받아 적지 않은 피해를 입었어요.

The Khmer Rouge had dangerous ideas about building a new country, and they didn't consider human life important. These thoughts caused one of the most tragic events of the last century, called "Killing Fields." The Khmer Rouge injured and killed people on a huge scale. A large number of the
5   country's population died during that time. (①)

The Khmer Rouge decided to remove "betrayers," people who had cooperated with the former regime. (②) The Khmer Rouge killed or arrested anyone who was educated. Doctors, teachers, lawyers, journalists, and policemen were all killed. (③) Others were also killed for wearing
10 glasses because they thought it was a sign of education.

Educated people who survived had to work 12 hours a day, seven days a week. (④) They got just a small bowl of rice as a reward. Anybody who was too weak to work was killed. Lots of people died from disease, injury, or lack of food. (⑤) All of these killings were done in the name of building a
15 new nation.

The Khmer Rouge were finally stopped in 1979. After that, the Cambodian government surveyed the survivors to gather more information about the Khmer Rouge. The government found out that about 2 million people had died during this short time — in other words, about one-fourth
20 of the entire Cambodian population.

*betrayer 배신자
**regime 정권

🔍 독해가 더 쉬워지는 Tip

기수 — 서수: 영어의 분수 표현

우리말과 달리, 영어에서는 **분자를 먼저 기수**(one, two, three …)로 쓰고, **분모를 서수**(first, second, third …)로 쓴다. 이때, 분모가 2이면 half, 4이면 quarter 혹은 fourth를 쓴다.

$\frac{1}{2}$ → one-half $\frac{1}{3}$ → one-third $\frac{1}{4}$ → one-quarter (= one-fourth) …

분자가 1이 아닌 복수인 경우에는 분모에 **s를 붙여 복수**로 표현한다.

$\frac{2}{3}$ → two-third**s** $\frac{3}{5}$ → three-fifth**s** $\frac{4}{9}$ → four-ninth**s** …

1 **Which of the following is the best title of the passage?**

① The History of the Khmer Rouge
② Killing Fields: Cambodia's Sad History
③ The Dream of the Khmer Rouge
④ How Did People Survive the Killing Fields?
⑤ The End of the Killing Fields

2 **Which of the following is NOT true according to the passage?**

① 크메르 루즈는 인간의 생명을 중요하게 여기지 않았다.
② 교육받은 사람들은 체포되거나 살해되었다.
③ 살아남은 사람들은 매일 하루 15시간씩 일해야 했다.
④ 너무 약해서 일을 할 수 없는 사람들도 죽임을 당했다.
⑤ 2백만 명 정도의 사람이 크메르 루즈의 통치 아래 살해되었다.

3 **Where would the following sentence best fit?**

People with soft hands were killed because they thought people who had soft hands never worked.

①   ②   ③   ④   ⑤

4 **Why did they kill people wearing glasses? Write the answer in Korean.**

_____

5 **Find the word in the passage which has the given meaning.**

something you receive when you do well

_____

consider 여기다 / **thought** 생각 / **cause** ~을 야기하다[초래하다] / **huge** 막대한[엄청난] / **remove** 제거하다 / **cooperate** 협력하다 / **former** 이전[과거]의 / **educated** 많이 배운, 학식 있는 / **journalist** 기자, 언론인 / **education** 교육 / **survive** 살아남다, 생존하다 / **injury** 부상 / **nation** 나라 / **government** 정부 / **survivor** 생존자 / **gather** 모으다 / **in other words** 다시 말해서 / **entire** 전체의

MEMO

MEMO

어법을 완전히 **끝**내기 위한 시작(Start)은 출제의도를 파악하는 것!

고교 교육과정

교과서

수능 기출

평가원 기출

출제 예상

24개 빈출 어법 포인트로 완벽대비

어법끝 START에서 학습한 내용을 복습하고 적용해보는 어법끝 START 실력다지기

완벽한 '출제의도 파악'을 위한 5단계

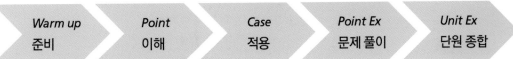

Warm up	Point	Case	Point Ex	Unit Ex
준비	이해	적용	문제 풀이	단원 종합

- 어법을 처음 접하는 학생들의 눈높이에 맞춘 어법서!
- 수능 및 모의고사 어법문제를 종합 분석하여 핵심 출제유형 엄선
- 어법문제 유형(박스형, 밑줄형)에 따른 맞춤 접근법 제시

- 어법 포인트에 맞게 선별된 기출 문장으로 이루어진 연습 문제
- 36개 지문형 문제를 통한 실전 응용 연습 제공

쎄듀 교재맵

구분	초3-4 / Lv.1	초5-6 / Lv.2	중등 / Lv.3	Lv.4	Lv.5	예비 고1 / Lv.6	Lv.7	고등 / Lv.8	Lv.9	Lv.10
종합 (문법·어법·구문·독해·어휘)						쎄듀 종합영어	쎄듀 종합영어			
구문	초등코치 천일문 Sentence 1, 2, 3, 4, 5			천일문 입문	천일문 입문	천일문 기본 / 천일문 기본 문제집	천일문 기본 / 천일문 기본 문제집	천일문 핵심	천일문 완성	천일문 완성
구문·독해							구문현답	구문현답		
구문·어법						PLAN A 〈구문·어법〉	PLAN A 〈구문·어법〉			
구문·문법				천일문 기초1	천일문 기초2					
어휘	초등코치 천일문 Voca & Story 1, 2		어휘끝 중학 필수편	어휘끝 중학 마스터편		어휘끝 고교기본 / 첫단추 VOCA / PLAN A 〈어휘〉	어휘끝 고교기본 / 첫단추 VOCA / PLAN A 〈어휘〉	첫단추 VOCA	어휘끝 수능	어휘끝 수능
문법	초등코치 천일문 Grammar 1, 2, 3	초등코치 천일문 Grammar 1, 2, 3	천일문 Grammar LEVEL 1 / Grammar Q 1A / 1B	천일문 Grammar LEVEL 2 / Grammar Q 2A / 2B / 1센치 영문법	천일문 Grammar LEVEL 3 / Grammar Q 3A / 3B / 1센치 영문법	문법의 골든룰 101	문법의 골든룰 101			
문법(내신)			Grammar Line LOCAL 1	Grammar Line LOCAL 2	Grammar Line LOCAL 3					
문법·어법				첫단추 BASIC 문법·어법편 1, 2	첫단추 BASIC 문법·어법편 1, 2	첫단추 모의고사 문법·어법편	첫단추 모의고사 문법·어법편			
어법							어법끝 START 2.0 / 어법끝 START 실력다지기	어법끝 START 2.0 / 어법끝 START 실력다지기	어법끝 5.0	어법끝 5.0
어법·어휘									파워업 어법·어휘 모의고사	파워업 어법·어휘 모의고사
쓰기			거침없이 Writing LEVEL 1 / 중학영어 쓰작 1	거침없이 Writing LEVEL 2 / 중학영어 쓰작 2	거침없이 Writing LEVEL 3 / 중학영어 쓰작 3					
독해			Reading Relay Starter 1, 2 / 리딩 플랫폼 1,2,3 / Reading 16 LEVEL 1	Reading Relay Challenger 1, 2 / 리딩 플랫폼 1,2,3 / Reading 16 LEVEL 2 / 첫단추 BASIC 독해편 1, 2	Reading Relay Master 1, 2 / 리딩 플랫폼 1,2,3 / Reading 16 LEVEL 3 / 첫단추 BASIC 독해편 1, 2	PLAN A 〈독해〉 / 첫단추 모의고사 독해유형편	PLAN A 〈독해〉 / 첫단추 모의고사 독해유형편 / 빈칸백서 기본편 / 쎈쓰업 독해 모의고사	리딩 플레이어 개념 / 유형즉답 / 빈칸백서 기본편 / 쎈쓰업 독해 모의고사	리딩 플레이어 적용 / 빈칸백서 / 오답백서 / 파워업 독해 모의고사 / 수능실감 최우수 문항 400제	빈칸백서 / 오답백서 / 파워업 독해 모의고사 / 수능실감 최우수 문항 400제
듣기			쎄듀 빠르게 중학영어듣기 모의고사 1	쎄듀 빠르게 중학영어듣기 모의고사 2	쎄듀 빠르게 중학영어듣기 모의고사 3	첫단추 모의고사 듣기유형편 / 첫단추 모의고사 듣기실전편	첫단추 모의고사 듣기유형편 / 첫단추 모의고사 듣기실전편	쎈쓰업 듣기 모의고사	파워업 듣기 모의고사	파워업 듣기 모의고사
EBS									수능특강 내신탐구 / E정표 수능특강	수능실감 독해 모의고사 / 수능실감 FINAL 봉투 모의고사

*어휘끝 5.0은 Lv. 9~12에 해당합니다. (고교 심화 이상의 수준)

* 교재 선택 시 권장 학년과 레벨을 참고하세요. / 예비 고1부터는 난도와 학년별 성취도를 반영하여 교재 레벨을 세분화하였습니다.

교과서 지식으로 영문 독해를 자신 있게!

리딩 릴레이

READING RELAY

정답 및 해설

MASTER

Chapter 07

01 [역사 | 통일제국의 등장] 크노소스 궁전

본문 p.12~15

교육부 지정 중학 필수 어휘
1 ignore 2 path 3 victims 4 enemies 5 thread 6 incidents 7 trapped

START READING!
1 built a maze and locked the Minotaur 2 적, 경쟁 상대

KEEP READING!
1 ① 2 ② 3 ① 4 ③ 5 B-E-D-A-C

KEEP READING! 해설

1 지문에 가장 적절한 주제를 고르는 문제이다. 크노소스 궁전에 있는 미로에 관한 신화를 소개하는 글이다. 괴물이 사는 무서운 미로 안에서 죄 없는 사람들이 죽는 비극을 끝내고자, 미로 안에 있는 괴물을 죽인 한 영웅에 대한 내용이다. 따라서 정답은 ①이다.
   ① 무서운 미로와 영웅
   ② 사람을 죽이는 것에 대한 왕의 관심
   ③ 미로에서 탈출하는 길을 찾는 법
   ④ 괴물에 의해 죽임을 당한 사람들
   ⑤ 영웅과 사랑에 빠진 공주

2 미노스 왕의 아들은 아테네에서 열린 축제에서 죽었다(One day, ~ during the festival.)고 했으므로, 글의 내용과 일치하지 않는 것은 ②이다.

3 아테네 왕에게 매년 일곱 명의 젊은 남자와 일곱 명의 젊은 여자를 미노타우로스에게 보내라고 명령한 것은 미노스 왕이므로 ⓐ는 미노스 왕(King Minos)을 가리키며 나머지 모두 테세우스(Theseus)를 가리킨다. 따라서 정답은 ①이다.

4 빈칸을 포함한 문장 앞은 죄 없는 피해자들을 보고 난 후에, 테세우스는 이를 막기 위해 크레타에 가기로 한다고 했다는 내용이다. 테세우스가 미로에 사는 괴물을 죽여 매년 죄 없는 사람들이 죽는 비극을 '끝내고' 싶어 했다는 내용이 이어지는 것이 자연스러우므로, 정답은 ③이다.
   ① 무시하다 ② 경험하다 ③ 끝내다 ④ 피하다 ⑤ 보호하다

5 시간의 순서에 따라 보기의 A~E를 나열하면 B-E-D-A-C이다.
   B. 미노타우로스는 미로 안에서 미노스 왕의 적들을 먹었다.
   E. 미노스 왕의 아들은 아테네에서 죽고 미노스 왕은 매우 화가 났었다.
   D. 아테네는 매년 미노타우로스에게 14명의 젊은이를 보내야 했다.
   A. 아리아드네 공주는 테세우스에게 미로에서 빠져나오는 방법을 말해주었다.
   C. 테세우스는 미노타우로스를 죽이고 무사히 미로를 떠났다.

끊어서 읽기

미노스 왕은 보내곤 했다 / 그의 적들을 / 미로로 //
¹ King Minos would send / his enemies / into the maze // so that (~하기 위해)

미노타우로스가 그들을 먹게 하기 위해. 크레타의 사람들은 / 무척 두려워했다 /
the Minotaur would eat them. ² People in Crete / were very afraid of /

이 미로로. 그러나 / 한 사건이 있었다 / 미노스 왕을 광기로 몰아넣은.
this maze. ³ However, / there was one incident / that drove King Minos

어느 날 / 미노스 왕의 또 다른 아들, 안드로게오스가 /
to madness. ⁴ One day, / another son of Minos, Androgeus, / went to

어휘 확인하기

enemy 적, 경쟁 상대
incident 일어난 일, 사건
drive ~을 몰아내어 …한 상태로 만들다
madness 광기, 광란 상태
participate in ~에 참가하다, ~에 참여하다
sadly 슬프게도

아테네로 갔다 / 한 축제에 참여하기 위해. 슬프게도 / 그는 살해당했다

Athens / to participate in a festival. ⁵ Sadly, / he was killed / during
　　　　to+동사원형 〈~하기 위해〉

축제 중에. 미노스 왕은 매우 화가 났다 // 그래서 그는 아테네 왕에게 명령했다

the festival. ⁶ King Minos was very angry, // so he ordered the king of

/ 매년 7명의 젊은 남자와 7명의 젊은 여자를 보내라고

Athens / to send seven young men and seven young women every

/ 미노타우로스에게. 이 사람들은 모두 죽었다 / 미로에서.

year / to the Minotaur. ⁷ All of these people died / in the maze.

3년 후 / 몇몇의 죄 없는 피해자들을 본 후 /

⁸ Three years later, / after watching several innocent victims, /

아테네 왕의 아들인 테세우스는 / 그 사람들 중 한 명이 되기로 결심했다

the son of the king of Athens, Theseus, / decided to be one of the
　　　　　　　　　　　　　　　　　　　　to+동사원형 〈~하기로〉

people / 크레타로 가게 되는. ~은 명백했다 //

people / who would go to Crete. ⁹ It was obvious // that he wanted to
　　　　　　　　　　　　　　　　　　　　　　　　　　(~인 것)

그는 미노타우로스를 죽이길 원했다 / 그리고 이 비극을 끝내기를.

kill the Minotaur / and end this tragedy.

테세우스가 크레타에 도착했을 때 // 그는 미노스 왕에게 선언했다 //

¹⁰ When Theseus arrived in Crete, // he announced to King Minos //

그가 괴물을 죽일 것이라고. 미노스 왕은 그저 그를 무시했다 //

that he would kill the monster. ¹¹ King Minos just ignored him //

왜냐하면 그는 생각했다 // 테세우스가 갇히고 먹힐 것이라고 /

because he thought // Theseus would be trapped and eaten / by the

미노타우로스에 의해 / 다른 모든 사람들처럼. 미로로 들어가기 전에 / 테세우스는

Minotaur / like everybody else. ¹² Before entering the maze, / Theseus met

아리아드네 공주를 만났다 / 미노스 왕의 딸인 // 그리고 그들은 사랑에 빠졌다.

Princess Ariadne, /daughter of King Minos, // and they fell in love.

그녀는 그에게 주었다 / 약간의 실을 // 그리고 그에게 그것을 사용하라고 말했다 / 그의 길을 표시하는 데

¹³ She gave him / some thread // and told him to use it / to mark his path

/ 미로 안에. 테세우스는 미로에 들어갔다 / 실을 가지고 / 그리고 곧

/ in the maze. ¹⁴ Theseus entered the maze / with the thread / and soon

미노타우로스를 발견했다. 격렬한 싸움 후 / 그는 마침내 괴물을 죽였다.

found the Minotaur. ¹⁵ After a violent fight, / he finally killed it.

그리고 나서 그는 실을 따라갔다 / 그리고 미로를 무사히 떠났다. 그 후 /

¹⁶ Then he followed the thread / and safely left the maze. ¹⁷ After that, /

다른 누구도 죽을 필요가 없었다 / 미로에서 / 다시는.

no one else had to die / in the maze / ever again.

order 명령하다

several 몇몇의

innocent 죄 없는, 결백한

victim (불행·사고 등의) 희생자, 피해자

obvious 명백한, 분명한

tragedy 비극

announce 선언하다

monster 괴물

ignore 무시하다, 모르는 체하다

trap 덫, 함정; (위험한 장소·궁지에) 가두다

else 그 밖의, 다른

thread 실

mark 표시하다, 흔적을 남기다

path 작은 길, 오솔길; (사람·사물이 나아가는) 길, 방향

violent 격렬한

[선택지 어휘]

avoid 피하다

해석 한눈에 보기

¹ 미노스 왕은 미노타우로스가 그의 적들을 먹도록 그들을 미로로 보내곤 했다. ² 크레타의 사람들은 이 미로를 무척 두려워했다. ³ 그러나, 미노스 왕을 광기로 몰아넣은 사건이 하나 있었다. ⁴ 어느 날, 미노스 왕의 또 다른 아들인 안드로게오스가 축제에 참여하기 위해 아테네에 갔다. ⁵ 슬프게도, 그는 축제 중에 살해당했다. ⁶ 미노스 왕은 매우 화가 나서 아테네 왕에게 매년 일곱 명의 젊은 남자와 일곱 명의 젊은 여자를 미노타우로스에게 보낼 것을 명령했다. ⁷ 이 사람들은 모두 미로에서 죽었다. ⁸ 3년 후, 몇몇의 죄 없는 피해자들을 본 후 아테네 왕의 아들인 테세우스는 크레타로 가는 사람들 중 한 명이 되기로 결심했다. ⁹ 그가 미노타우로스를 죽이고 이 비극을 끝내기를 원했던 것은 명백했다. ¹⁰ 테세우스가 크레타에 도착했을 때 그는 미노스 왕에게 자신이 괴물을 죽일 것이라고 선언했다. ¹¹ 미노스 왕은 테세우스가 다른 모든 사람들처럼 갇혀서 미노타우로스에게 먹힐 것이라고 생각했기 때문에 그를 그저 무시했다. ¹² 미로로 들어가기 전에 테세우스는 미노스 왕의 딸인 아리아드네 공주를 만났고, 그들은 사랑에 빠졌다. ¹³ 그녀는 테세우스에게 약간의 실을 주면서 미로에서 길을 표시하는 데 그것을 사용하라고 말했다. ¹⁴ 테세우스는 실을 가지고 미로로 들어갔고 곧 미노타우로스를 발견했다. ¹⁵ 격렬한 싸움 끝에 그는 마침내 괴물을 죽였다. ¹⁶ 그리고 나서 그는 그 실을 따라갔고 미로에서 무사히 나왔다. ¹⁷ 그 후, 다시는 아무도 그 미로에서 죽지 않았다.

1 King Minos **would** send his enemies into the maze **so that** the Minotaur would eat them.

▶ 첫 번째 would는 과거의 습관을 나타내는 조동사로 '~하곤 했다'의 뜻으로 쓰였다.

▶ so that은 '~하기 위해, ~하도록'이라는 의미로 목적을 나타내는 접속사이다.

6 King Minos was very angry, so he **ordered** the king of Athens **to send** seven young men and seven young women ~.

　　　　　　　　　　　　　　　　　　　　　　V　　　　　　　O　　　　　　　　　　　C

▶ 「order+목적어+to+동사원형」은 '~에게 …하라고 명령하다'라는 의미이다.

13 She gave him some thread and **told** him **to use** it **to mark** his path in the maze.

　　　　　　　　　　　　　　　　　　V　　O　　　　　　　　C

▶ 「tell+목적어+to+동사원형」은 '~에게 …하라고 말하다'라는 의미이다.

▶ to mark는 '~을 표시하기 위해'라는 의미로 쓰인 목적을 나타내는 to부정사구이다.

02　[사회 | 희소성] 후추의 몰락
　　　　　　　　　　　　　　　　　　　　　　　　　　　　본문 p.16~19

교육부 지정 중학 필수 어휘
1 wealth　2 knee　3 badly　4 occupied　5 scarce　6 crawled　7 Nowadays　8 handful

START READING!
1 ②　2 pepper would make, taste better

KEEP READING!
1 ②　2 ⑤　3 ②　4 ③　5 (A) scarce　(B) decreased　(C) common

KEEP READING! 해설

1 지문에 가장 적절한 주제를 고르는 문제이다. 중세 시대 때 후추가 매우 귀해서 금보다 비쌌기 때문에 오직 부자들만이 후추를 먹을 수 있었고, 후추로 자신들의 부와 권력을 과시했다는 내용이므로 정답은 ②이다.
① 후추를 사용하는 방법
② 중세 시대 때 후추의 가치 변화
③ 포르투갈의 후추 무역
④ 유럽 사람들이 후추를 정말 좋아하는 이유
⑤ 부유한 사람들이 후추를 다루는 방법

2 후추는 매우 귀했고 금보다 더 비쌌으며, 유럽 사람들은 후추를 아시아에서 수입했기 때문에 더 빠르고 편리한 길을 찾으려고 했다. 후추 한 상자는 170더컷이었는데, 그것은 오늘날 34,000달러의 가치와 비슷하다고 했다. 또한, 17세기 이후로 포르투갈 말고도 다른 유럽 국가들도 후추를 수입하기 시작하면서 후추의 가격이 하락했다고 했다. 따라서 글의 내용과 일치하는 것은 ⑤이다.
① 후추는 처음부터 구하기 매우 쉬웠다.
② 유럽 사람들은 아프리카에서 후추를 수입하곤 했다.
③ 오늘날 후추 한 상자는 대략 34,000달러이다.
④ 17세기 이후에 후추는 너무 비싸서 구할 수가 없었다.
⑤ 중세 시대에는 오직 부자들만이 후추가 들어간 음식을 즐길 수 있었다.

3 왕이 연회에서 후추를 던진 이유를 고르는 문제이다. 중세 시대 유럽 사람들은 후추가 너무 귀했고 비쌌기 때문에 후추로 재산과 권력을 과시했다(Rich people used pepper to show off their wealth and power.)고 했으므로 정답은 ②이다.
① 그는 후추로 요리하고 싶었기 때문에
② 그는 자신의 부를 과시하고 싶었기 때문에
③ 사람들이 후추를 좋아하지 않았기 때문에
④ 후추가 흔한 향신료가 되었기 때문에
⑤ 그는 그것의 맛을 좋아하지 않았기 때문에

4 지문은 중세 시대 때는 후추가 귀했지만, 점차 여러 유럽 국가들이 후추를 수입하기 시작하면서 가격이 내려가고 흔한 향신료가 되었다는 내용이다. 따라서 ③의 내용('지금 유럽에는 50개 이상의 나라가 있다.')은 값비싼 후추가 흔한 향신료가 된 과정을 설명하는 이 글의 흐름에 맞지 않는 내용이다.

5 중세 시대 유럽 사람들은 자신의 부와 권력을 과시하기 위해 후추와 같은 귀한 향신료를 사용했지만, 다른 유럽 국가들이 수입하기 시작하면서 가격이 내려갔고 흔한 향신료가 되었다는 내용이다. 따라서 정답은 (A) scarce, (B) decreased, (C) common이다.

> 중세 시대 때 유럽 사람들은 자신의 부와 권력을 과시하기 위해 후추와 같은 (A) 귀한 향신료를 사용했다. 그러나 네덜란드나 영국과 같은 더 많은 나라들이 후추를 수입하고 팔기 시작하면서 후추의 가격은 (B) 내려갔고, 후추는 (C) 흔한 향신료가 되었다.

끊어서 읽기

¹ In the Middle Ages in Europe / people badly wanted pepper. ² They

even sailed / to find a faster and more convenient way / to get pepper

from Asia. ³ Because pepper was very scarce, // it was very expensive.

⁴ The demand for it was higher than its supply.

⁵ How much did it cost? ⁶ One box of pepper cost 170 ducats.

⁷ Nowadays, that is about $34,000! ⁸ Even a little pepper was more

valuable than gold! ⁹ Rich people used pepper / to show off their wealth

and power. ¹⁰ Whenever there was a party at a palace, //

the king would throw / a handful of pepper. ¹¹ People at the party /

would crawl on their hands and knees / to get it. ¹² Only the rich could

have food / with lots of spices in it.

¹³ At that time, Portugal had a monopoly / on the spice trade. ¹⁴ However,

in the 17th century / they lost almost all of their valuable Indian Ocean

trade / to the Dutch and the English / who occupied the region by force.

¹⁵ Soon after, other European countries started to import / and sell pepper.

(¹⁶ There are more than 50 countries in Europe now.) ¹⁷ So, the price of

pepper declined / and more people began to enjoy it. ¹⁸ Pepper became

a very common spice. ¹⁹ The rich began to look for other scarce spices.

어휘 확인하기

the Middle Ages 중세 시대
badly 서투르게, 나쁘게; 몹시, 너무
even 심지어
sail (바다를) 항해하다
convenient 편리한
scarce 부족한; 드문, 귀한
demand 수요
supply 공급
cost (값·비용이) ~이다
ducat 더컷 (과거 유럽 여러 국가들에서 사용된 금화))
nowadays 오늘날에는, 요즘에는
valuable 값비싼
show off 과시하다, 자랑하다
wealth (많은) 재산, 부(富)
handful 한 움큼, 한 줌
crawl (엎드려) 기다, 기어가다
knee 무릎, 무릎 관절
spice 향신료
trade 무역
Indian Ocean 인도양
occupy (장소를) 차지하다; (방·주택·건물을) 사용하다; (군대 등이) 점령하다
region 지방, 지역
force 무력, 군대
import 수입하다
decline (가격이) 떨어지다
common 흔한

¹중세 시대 유럽에서는 사람들은 후추를 몹시 원했다. ²그들은 심지어 아시아로부터 후추를 얻을 수 있는 더 빠르고 편리한 길을 찾기 위해 항해했다. ³후추는 매우 귀했기 때문에 매우 비쌌다. ⁴그것의 수요는 공급보다 더 높았다.

⁵그것은 얼마였을까? ⁶후추 한 상자는 170더컷이었다. ⁷오늘날에는 그것은 대략 34,000달러이다! ⁸심지어 작은 후추는 금보다 더 값비쌌다! ⁹부자들은 부와 권력을 과시하기 위해 후추를 사용했다. ¹⁰궁전에서 파티가 있을 때마다 왕은 한 움큼의 후추를 던지곤 했다. ¹¹파티에 온 사람들은 그것을 얻기 위해 그들의 손과 무릎으로 기어가곤 했다. ¹²오직 부자들만이 많은 향신료가 들어간 음식을 먹을 수 있었다.

¹³그때 당시에, 포르투갈은 향신료 무역에 독점권을 가지고 있었다. ¹⁴그러나 17세기에 그들은 무력으로 그 지역을 점령했던 네덜란드와 영국 사람들에게 그들의 귀중한 인도양 무역을 거의 모두 빼앗겼다. ¹⁵곧 다른 유럽 나라들은 후추를 수입하고 팔기 시작했다. (¹⁶지금 유럽에는 50개 이상의 나라가 있다.) ¹⁷그래서 후추의 가격은 하락했고, 더 많은 사람들이 그것을 즐기기 시작했다. ¹⁸후추는 아주 흔한 향신료가 되었다. ¹⁹부자들은 다른 귀한 향신료를 찾기 시작했다.

필수 구문 확인하기

² They even sailed **to find** *a faster and more convenient way* [**to get** pepper from Asia].

▶ to find는 목적을 나타내는 부사적 용법의 to부정사이다.

▶ to get pepper from Asia는 a faster and more convenient way를 수식하는 형용사적 용법의 to부정사구이다.

¹⁰**Whenever** there was a party at a palace, the king **would** throw a handful of pepper.

▶ Whenever는 '~할 때는 언제나; ~할 때마다'라는 의미이다.

▶ would는 '~하곤 했다'로 해석하며, 과거에 자주 있었던 일에 대해 말할 때 사용된다.

03 [수학 | 확률과 경우의 수] 머피의 법칙
본문 p.20~23

교육부 지정 중학 필수 어휘
1 spilled 2 blamed 3 tend 4 nervous 5 explanation 6 positively 7 rough

START READING!
1 흘리다, 쏟다 2 that brings us bad luck

KEEP READING!
1 ⑤ 2 (1) F (2) T (3) T 3 ② 4 rough 5 nervous

KEEP READING! 해설

1 지문에 가장 적절한 주제를 고르는 문제이다. 머피의 법칙은 단지 우리가 나쁜 일이 생기면 이유를 찾기 때문이라는 내용이므로 정답은 ⑤이다.
① 머피의 법칙이 어떻게 만들어졌는가
② 중요한 일들이 항상 잘못되는 이유
③ 행운을 가져다주는 법칙
④ 머피의 법칙의 실생활 예시
⑤ 사람들이 머피의 법칙을 믿는 이유

2 우리는 긴장할 때 실수를 쉽게 한다(First, it is easy ~ nervous.)고 했으므로 (1)은 F이다.
(1) 우리는 자신감이 있을 때 실수를 쉽게 한다.
(2) 우리는 좋은 것들을 쉽게 잊어버리지만 나쁜 것들을 기억한다.
(3) 우리는 일이 잘못될 때 이유를 알아내려고 한다.

3 빈칸에 들어갈 말로 가장 적절한 것을 고르는 문제로, 우리가 '무엇'에 더 집중하는 경향이 있는지를 찾아야 한다. 빈칸을 포함한 문장 뒤에 좋은 것이나 나쁜 것의 가능성이 같을지라도 우리는 쉽게 좋은 것을 잊고 나쁜 것을 기억한다(Even though there's ~ remember the bad.)는 문장이 이어진다. 따라서 빈칸에는 '부정적인 것들'이라는 의미가 들어가는 것이 알맞으므로 정답은 ②이다.
① 다른 사람들의 삶보다는 우리의 삶

② 부정적인 것들

③ 긍정적인 것들

④ 재미있는 이야기들

⑤ 유명한 사람들의 이야기들

4 (1) 우리 아빠의 (A) <u>거친</u> 손은 나를 슬프게 한다. 아빠는 우리 가족을 위해 열심히 일해오셨다.

(2) (B) <u>힘든</u> 상황에서 결정하는 것은 어렵다.

첫 번째 문장의 (A)에는 '거친'이라는 말이 들어가고, 두 번째 문장의 (B)에는 '힘든, 골치 아픈'이라는 말이 들어가야 적절하므로 정답은 rough(거친; 힘든, 골치 아픈)이다.

5 '무서움과 걱정을 느끼는'이라는 뜻이므로 정답은 nervous(불안해하는, 초조해하는)이다.

끊어서 읽기

¹ 머피의 법칙은 무언가 신비롭고 마력이 있는 힘이 아니다.
Murphy's Law isn't some mysterious or magical power. ² Here are

여기에 몇 가지 간단한 이유들이 있다 // 왜 머피의 법칙이 작용하는 것 같아 보이는지 먼저
some simple reasons // why Murphy's Law seems to work. ³ First,

실수를 하는 것은 쉽다 // 우리가 긴장했을 때. 예를 들어 /
it's easy to make mistakes // when we are nervous. ⁴ For example, /

당신이 좋은 옷을 입었을 때 / 중요한 회의 같은 힘든 상황에서
when you wear nice clothes / in a rough situation like an important

// 당신은 음료수를 그 위에 쏟을 수도 있다 // 당신이 긴장해 있다면.
meeting, // you might spill a drink on them // if you're nervous.

두 번째로, 우리는 집중하는 경향이 있다 / 부정적인 것에 좀 더. 비록
⁵ Second, we tend to focus / more on negative things. ⁶ Even though

똑같은 가능성이 있을지라도 / 좋은 것이나 나쁜 것의 //
there's an equal chance / of something good or something bad, //

우리는 쉽게 좋은 것을 잊는다 / 그러나 나쁜 것을 기억한다. 게다가
we easily forget the good / but remember the bad. ⁷ Moreover,

우리는 설명을 찾는다 // 뭔가 잘못될 때. 삶이 잘 흘러갈 때
we look for explanations // when things go wrong. ⁸ When life goes

// 우리는 단순히 그것을 즐긴다. 그러나 뭔가 잘못될 때 // 우리는 이유를 찾는다.
well, // we simply enjoy it. ⁹ But when things go badly, // we search

당신은 절대로 궁금해하지 않는다 // 어떻게 제 시간에 학교에 도착했는지를 //
for reasons. ¹⁰ You never wonder // how you got to school on time, //

하지만 당신은 이유가 필요하다 / 늦은 것에 대해서. 머피의 법칙은 이런 이유를 채워 준다.
but you need a reason / for being late. ¹¹ Murphy's Law fills this reason.

당신은 깨달아야 한다 // 법칙이 없다는 것을 / 나쁜 운을 가져오는.
¹² You should realize // ∧there's no law / which brings bad luck.
　　　　　　　　　　　　　that

그러므로 부정적인 일이 당신에게 일어났을 때, //
¹³ Therefore, when negative things happen to you, // don't blame

머피의 법칙을 탓하지 마라. 대신에 긍정적으로 생각하기 위해 노력하라!
Murphy's Law. ¹⁴ Try to think positively instead!

어휘 확인하기

mysterious 신비한, 기이한

nervous 불안해하는, 초조해하는

rough 거친; 힘든, 골치 아픈

spill 흘리다, 쏟다; 흘린 액체, 유출물

tend ~하는 경향이 있다

negative 부정적인

equal 같은

explanation 설명; 이유, 해명

realize 깨닫다, 알아차리다

blame ~에 책임을 지우다, ~의 탓으로 돌리다; 비난, 책망

positively 긍정적으로, 좋게

해석 한눈에 보기

¹머피의 법칙은 무언가 신비롭고 마력이 있는 힘이 아니다. ²여기 왜 머피의 법칙이 작용하는 것 같아 보이는지 몇 가지 간단한 이유가 있다. ³먼저 우리가 긴장해 있을 때 실수하기 쉽다. ⁴예를 들어 중요한 회의 같은 힘든 상황에서 당신이 좋은 옷을 입었을 때, 만약 당신이 긴장해 있다면 옷에 음료수를

쏠을 수도 있다. ⁵두 번째로 우리는 부정적인 것에 좀 더 집중하는 경향이 있다. ⁶좋은 것이나 나쁜 것의 가능성이 같을지라도 우리는 쉽게 좋은 것을 잊고 나쁜 것을 기억한다. ⁷게다가, 우리는 뭔가 잘못될 때 설명을 찾는다. ⁸삶이 잘 흘러갈 때 우리는 단순히 그것을 즐긴다. ⁹그러나 일이 잘못될 때 우리는 이유를 찾는다. ¹⁰당신은 어떻게 학교에 제 시간에 도착했는지 궁금해하지 않지만, 늦은 것에 대해서는 이유가 필요하다. ¹¹머피의 법칙은 이 이유를 채워 준다.

¹²당신은 나쁜 운을 가져오는 법칙은 없다는 것을 깨달아야 한다. ¹³그러므로 부정적인 일이 당신에게 생겼을 때 머피의 법칙을 탓하지 마라. ¹⁴대신에 긍정적으로 생각하기 위해 노력하라.

필수 구문 확인하기

² Here are *some simple reasons* [**why** Murphy's Law seems to work].

▶ why는 관계부사로 why 이하는 some simple reasons를 꾸며준다.

¹⁰You never wonder **how you got to school on time**, but you need a reason for being late.

▶ how you got to school on time은 wonder의 목적어 역할을 하는 명사절로, 「의문사+주어+동사」의 어순의 간접의문문이다.

¹²You should realize (that) there's no *law* [**which** brings bad luck].

▶ realize 뒤에 목적어 역할을 하는 명사절을 이끄는 접속사 that이 생략되었다.

▶ which는 주격 관계대명사로 which 이하는 앞에 있는 law를 꾸며준다.

04 [국어 | 우리말의 소리와 뜻] 흰 코끼리
본문 p.24~27

교육부 지정 중학 필수 어휘
1 implying 2 desired 3 terms 4 expense 5 punishment 6 valuable 7 worth 8 challenge 9 punish

START READING!
1 ③ 2 where people believe in the Buddha

KEEP READING!
1 ⑤ 2 ① 3 ① 4 ③ 5 (A) punishment (B) unwanted

KEEP READING! 해설

1 지문에 가장 적절한 주제를 고르는 문제이다. 고대 태국에서는 흰 코끼리를 벌로 주었다는 이야기와 '흰 코끼리'라는 용어의 의미에 대한 내용이므로 정답은 ⑤이다.
  ① 흰 코끼리를 교환하는 전통
  ② 고대 태국 왕에 의한 벌들
  ③ 다른 사람으로부터 받은 원치 않는 선물을 처리하는 방법
  ④ 흰 코끼리를 돌보는 방법
  ⑤ '흰 코끼리'라는 용어의 의미와 유래

2 고대 태국의 왕들은 신하에게 코끼리를 주었는데, 이것은 선물이라기보다는 처벌이었다(But a white ~ than a gift.)고 했으므로 정답은 ①이다.
  ① 과거에는 사람들이 흰 코끼리를 서로에게 종종 주었다.
  ② 흰 코끼리가 많이 먹었기 때문에 키우는 데 많은 돈이 들었다.
  ③ 흰 코끼리가 자연사로 죽었을 때는 주인이 곤경에 처하지 않았다.
  ④ '흰 코끼리'는 쓸모없거나 원치 않는 물건을 의미한다.
  ⑤ 사람들은 '흰 코끼리 파티'에서 선물을 교환한다.

3 주어진 문장은 '당신은 왕으로부터의 선물은 무엇이든 좋을 것이라고 생각할지도 모른다.'라는 의미인데, ① 앞에서는 '왕이 신하가 마음에 들지 않을 때, 흰 코끼리를 주었다'고 했고, ① 뒤에서는 '그러나 흰 코끼리는 선물이라기보다 벌이었다'고 했으므로 주어진 문장은 이 중간에 들어가야 가장 적절하다. 따라서 정답은 ①이다.

4 빈칸을 포함한 문장 뒤에서 고대 태국의 흰 코끼리처럼 쓸모가 없는 반면에, 그것을 가지고 있는 비용이 너무 많이 든다고 했다. 따라서 그 앞에는 가치가 있더라도 유지하는 데 많은 비용이 들기 때문에 주인에게는 오직 '문제'만 일으킨다는 내용이 되어야 적절하다. 따라서 정답은 ③이다.
① 결과 ② 품질 ③ 문제 ④ 문화 ⑤ 혜택

5 '흰 코끼리'라는 용어의 유래와 의미를 설명하는 글이다. 고대 태국에서는 흰 코끼리가 돈이 많이 드는 동시에 주인에게 아무 쓸모없었기 때문에 왕이 벌의 한 형태로 흰 코끼리를 주곤 했다고 했으므로 (A)에는 punishment가 적절하다. 그리고 또 다른 의미로는 '흰 코끼리 파티'에서처럼 주인은 원하지 않지만 다른 사람에게 가치가 있는 것을 의미하므로 (B)에는 unwanted가 알맞다.

> 고대에 태국의 왕들은 (A) 벌로 흰 코끼리를 주었다. 그 이후로, 그 용어는 쓸모없고 유지하는 데 많은 비용이 드는 것을 묘사하기 위해 사용되었다. 흰 코끼리는 또한 주인이 (B) 원치 않지만 다른 사람들에게는 소중한 무언가가 될 수도 있다.

끊어서 읽기

¹ In ancient times, / the kings of Thailand / sometimes used white
고대에 / 태국의 왕들은 / 때로로 흰 코끼리를 사용했다

elephants / to punish people. ² When a Thai king was not happy /
사람들을 벌하기 위해서. / 태국의 한 왕은 기쁘지 않았을 때

with a member of the royal court, // he would give him a white
왕실의 어떤 사람에게 / 그는 그에게 흰 코끼리를 주곤 했다.
(to+동사원형 〈~하기 위해〉)

elephant. ³ You might think // any gift from a king / would be
당신은 생각할지도 모른다 // 왕으로부터의 어떤 선물도 / 좋은 것 거라고.
                            ^that

good. ⁴ But a white elephant was more of a punishment / than a
그러나 흰 코끼리는 오히려 벌이었다 / 선물이라기보다는.

gift. ⁵ Keeping a white elephant / cost a lot. ⁶ The owner had to
흰 코끼리를 기르는 것은 / 많은 비용이 들었다. 주인은 음식을 제공해야 했다

provide food / and take good care of it // because it was from
/ 그리고 그것을 잘 돌보아야 했다 // 그것이 왕으로부터 온 것이었기 때문에.

the king. ⁷ A white elephant eats / about 180~270 kg of food /
흰 코끼리는 먹는다 / 약 180~270킬로그램의 음식을

a day / and lives for 70 years / on average. ⁸ If it died of any
하루에 / 그리고 70년을 산다 / 평균적으로. 만약 어떤 이유로 죽는다면

causes / other than a natural death, // the owner would encounter
/ 자연사가 아닌 // 주인은 문제에 부닥칠 것이다

problems // because it implied // he was challenging the king.
/ 그것은 암시했기 때문에 // 그가 왕에게 도전한다는 것을.
                              ^that

⁹ You can use the term "white elephant" / in two different ways.
당신은 '흰 코끼리'라는 용어를 사용할 수 있다 / 두 가지 다른 방법으로.

¹⁰ It refers to something valuable / that causes only trouble / for its
그것은 귀중한 무언가를 나타낸다 / 오직 문제만 일으키는 / 주인에게.

owner. ¹¹ Just like the white elephant / in ancient times in Thailand, /
꼭 흰 코끼리처럼 / 고대 태국의

the expense of keeping it is too much, // while there's no use for it.
그것을 기르는 비용은 너무 많다 // 반면에 그것의 쓸모는 없다.

¹² The term also means something / that is not desired /
그 용어는 또한 무언가를 의미한다 / 원치 않는

by its owner, / but may be worth more to others. ¹³ For example,
주인에 의해, / 그러나 다른 사람에게는 더 가치가 있을 수 있는. 예를 들어

어휘 확인하기

ancient 고대의
punish (사람·죄를) 벌하다, 처벌하다
royal court 궁정, 왕실
more of A than B B라기보다는 A
punishment 형벌, 처벌
provide 제공하다, 공급하다, 주다
take care of ~을 돌보다
on average 평균적으로
other than ~이 아닌, ~ 이외의
natural death (연령에 의한) 자연사
encounter (위험·곤란 등에) 부닥치다, 맞닥뜨리다
imply 암시하다, 넌지시 비치다
challenge 도전; 도전하다; 이의를 제기하다
term 용어, 말; (일정한) 기간, 기한; (특정한 용어로) 칭하다, 일컫다
refer to A A를 나타내다 [가리키다]
valuable 귀중한, 소중한; 값비싼
expense 지출, 비용
desire 욕구, 강한 소망; 간절히 바라다, 원하다
worth ~의 가치가 있는
unwanted 원치 않는

at "white elephant parties," / people give unwanted gifts from their

'흰 코끼리 파티'에서는 / 사람들은 그들의 집에서 가져온 원치 않았던 선물들을 준다

own houses / to each other.

/ 서로에게.

해석 한눈에 보기

[1] 고대 태국의 왕들은 때때로 흰 코끼리를 사람들을 벌주기 위해 사용했다. [2] 태국의 한 왕은 왕실의 어떤 사람에게 기분이 좋지 않았을 때 그에게 흰 코끼리를 주었다. [3] 당신은 왕으로부터의 선물은 무엇이든 좋을 것이라고 생각할지도 모른다. [4] 그러나 흰 코끼리는 선물이라기보다 오히려 벌이었다. [5] 흰 코끼리를 기르는 것은 큰 비용이 들었다. [6] 그것은 왕으로부터 온 것이기 때문에 주인은 음식을 주고 그것을 돌보아야 했다. [7] 흰 코끼리는 하루에 180~270 킬로그램의 음식을 먹고 평균적으로 70년을 산다. [8] 만약 그것이 자연사가 아닌 어떤 다른 이유로 죽는다면, 주인이 왕에게 도전한다는 것을 의미했기 때문에 곤경에 처할 것이다.
[9] 당신은 '흰 코끼리'라는 용어를 두 가지 다른 방식으로 사용할 수 있다. [10] 그것은 주인에게 오직 문제만 일으키는 귀중한 무언가를 나타낸다. [11] 바로 고대 태국의 흰 코끼리처럼, 그것은 쓸모가 없는 반면에 기르는 비용은 너무 많이 든다. [12] 그 용어는 또한 주인은 원하지 않는 것이지만 다른 사람에게는 더 가치가 있을 수도 있는 것을 의미한다. [13] 예를 들어 '흰 코끼리 파티'에서 사람들은 집에서 가져온 원치 않았던 선물을 서로에게 준다.

필수 구문 확인하기

[5] **Keeping** a white elephant cost a lot.
　　　　S　　　　　　　　　V

▶ 동명사구(Keeping a white elephant)가 주어로 쓰였다. 동명사 주어는 단수 취급하여 단수 동사를 사용하지만 이 문장은 과거시제 문장이므로 동사 cost에 -s가 붙지 않았다.

[10] It refers to *something valuable* [**that** causes only trouble for its owner].

▶ -thing, -one, -body로 끝나는 대명사는 형용사가 뒤에서 수식한다. that 이하는 관계절로 앞에 있는 something valuable을 꾸며준다.

Chapter 08

01 [국어 | 읽기의 방법과 가치] 야구장의 지지 않는 태양
본문 p.30~33

교육부 지정 중학 필수 어휘
1 rural 2 flashed 3 deal 4 severe 5 urban 6 judge

....

START READING!
1 ② 2 (1) T (2) F (3) T

....

KEEP READING!
1 ④ 2 ③ 3 ② 4 (b)

KEEP READING! 해설

1 지문에 가장 적절한 제목을 고르는 문제이다. 빛 공해로 인해 사람들뿐만 아니라 동물과 식물도 성장에 문제를 겪고 있다는 내용이므로
   정답은 ④이다.
   ① 빛 공해의 주요 원인들
   ② 빛 공해를 줄여 전기를 아끼는 방법들
   ③ 수면 문제의 심각한 영향
   ④ 밝은 불빛의 심각성
   ⑤ 빛 공해 문제를 해결하는 방법

2 학생들은 밝은 불빛 때문에 공부에 집중할 수 없다고 불평한다(Students also complain ~ the bright lights.)고 했으므로 정답은 ③
   이다.
   ① 경기장 근처에 사는 사람들은 수면 문제를 겪는다.
   ② 가끔은 경기장의 불이 자정이 넘은 시간까지 빛난다.
   ③ 학생들은 밝은 빛 덕분에 더 공부할 수 있다.
   ④ 어떤 사람들은 빛 공해를 심각하게 생각하지 않는다.
   ⑤ 빛 공해는 식물과 동물에게도 영향을 준다.

3 주어진 문장은 '몇몇 조사에 따르면, 그것은 다른 마을의 두 배만큼 밝다.'라는 의미이다. ②의 앞에 '그것이 얼마나 밝을까?(How
   bright is it?)'라고 묻는 문장이 나오므로 문맥상 주어진 문장이 들어가기에 가장 적절한 곳은 ②이다.

4 본문의 judge와 같은 의미로 쓰인 것을 고르는 문제이다. 본문의 judge는 '판단하다, 여기다'라는 의미로 쓰였으므로 정답은 (b)이다.
   (a) 신문에 나온 그 남자는 법정에서 한 사건을 재판할 것이다.
   (b) 가끔 나는 그것의 표지로 책을 판단한다. 만약 표지가 마음에 들면, 나는 그냥 그것이 좋다고 생각한다.

끊어서 읽기

^{해가 밝게 빛난다}   /   ^{밤에도}   /   ^{~ 옆에 사는 한 학생이 말한다}   /
¹ "The sun shines bright / even at night," / says a student who lives next to /

^{한국의 광주에 있는 기아 타이거즈 야구장.}   ^{경기장 근처에 사는 사람들은}
the KIA Tigers baseball stadium in Gwangju, Korea. ² People living near

          /   ^{잠을 잘 수가 없다}   //   ^{야구 경기가 있을 때.}
the stadium / cannot fall asleep // when there is a baseball game.

^{그것은 빛 때문이다}   /   ^{경기장에서 나오는.}   ^{때로는 태양만큼 밝은 불빛이}
³ It is because of the light / from the stadium. ⁴ At times, lights as bright as

         /   ^{마을을 비춘다.}   ^{그것이 얼마나 밝은가?}   ^{몇몇 조사에 따르면}
the sun / flash onto the village. ⁵ How bright is it? ⁶ According to some

어휘 확인하기

stadium 경기장

flash 비추다, 번쩍이다; 번쩍임

midnight 자정

severe 극심한, 심각한; (태풍·병
등이) 심한, 맹렬한

complain 불평하다

concentrate 집중하다

judge 판사; 심판, 심사위원; 판단
하다, 여기다; 재판하다

pollution 오염, 공해

research, / it is twice as bright as other villages. ⁷ People in the town say //
그것은 다른 마을보다 두 배나 밝다.　　그 동네에 사는 사람들은 말한다

that sometimes the lights are still on / even after midnight, // so they
때때로 불빛은 여전히 켜져 있다고　　　자정이 지나서도　　그래서
(~인 것을)

have severe sleeping problems. ⁸ Students also complain // that they
그들은 심각한 수면 문제를 갖고 있다.　학생들은 또한 불평한다　그들이
(~인 것을)

cannot concentrate on their studying / because of the bright lights.
공부에 집중할 수 없다고　　　밝은 불빛 때문에.

⁹ Some people might judge // that light pollution is not a big deal //
어떤 사람들은 판단할지도 모른다　　빛 공해는 대단한 것이 아니라고
(~인 것을)

because they think // the effects are not as bad as / those of
왜냐하면 그들은 생각한다　　영향이 ~ 만큼 심하지 않다고
(= the effects)

water or air pollution. ¹⁰ They also might think // that only a small
물이나 공기 오염의 영향.　　그들은 또한 생각할지도 모른다　단지 적은 수의 사람들만이
(~인 것을)

number of people / living in urban areas / suffer from light
도시에 사는　　빛 공해로 고통받는다고.

pollution. ¹¹ However, people in rural areas also suffer / from light
하지만, 시골에 있는 사람들 또한 고통 받는다　빛 공해로부터

pollution, // and it is now a big concern / for the whole country.
그리고 이것은 이제 큰 문제이다　전국적으로.

¹² More than 3,000 cases of light pollution / are reported / every year
3,000건 이상의 빛 공해가　보고된다　매년

in Korea. ¹³ Studies show // that it has a negative influence / on not
한국에서.　연구는 보여준다　이것이 부정적인 영향을 미친다는 것을
(~인 것을)

only people's health / but also the growth of plants and animals.
사람들의 건강뿐 아니라　식물과 동물의 성장에도.

---

deal (카드 게임에서 카드를) 돌리다; (양이) 많음, 다량; 거래(서), 합의; 일, 것
big deal 대단한 것, 중대한 사건
effect 영향
urban 도시의, 도회지의
suffer from ~으로 고통받다
rural 시골의, 지방의
concern 우려, 걱정
whole 전체[전부]의
case 사례, 경우
report 보고하다
negative 부정적인, 비관적인
influence 영향
growth 성장

[선택지 어휘]
court 법정

해석 한눈에 보기

¹ "해가 밤에도 밝게 빛나요." 한국의 광주에 있는 기아 타이거즈 야구장 옆에 사는 한 학생이 말한다. ² 경기장 근처에 사는 사람들은 야구 경기가 있을 때 잠을 잘 수가 없다. ³ 그것은 경기장에서 나오는 빛 때문이다. ⁴ 때로는 태양만큼 밝은 불빛이 마을을 비춘다. ⁵ 그것이 얼마나 밝을까? ⁶ 몇몇 조사에 따르면 그것은 다른 마을보다 두 배나 밝다. ⁷ 그 마을에 사는 사람들은 때때로 불빛이 자정을 지나서도 여전히 켜져 있고, 그래서 그들은 심각한 수면 문제를 겪는다고 말한다. ⁸ 학생들은 또한 밝은 빛 때문에 공부에 집중할 수 없다고 불평한다.
⁹ 어떤 사람들은 빛 공해의 영향이 물이나 공기 오염의 영향만큼 나쁘지 않다고 생각하기 때문에 빛 공해가 심각한 문제가 아니라고 여길지도 모른다. ¹⁰ 그들은 또한 도시에 사는 단지 적은 수의 사람들만이 빛 공해로 고통을 받는다고 생각할지도 모른다. ¹¹ 하지만 시골에 사는 사람들 또한 빛 공해로 고통 받고 있고 이제 이것은 전국적으로 큰 문제이다. ¹² 3,000건 이상의 빛 공해가 매년 한국에서 보고된다. ¹³ 연구는 그것이 사람들의 건강뿐 아니라 식물과 동물의 성장에도 부정적인 영향을 미친다는 것을 보여준다.

필수 구문 확인하기

² *People* [**living** near the stadium] cannot fall asleep when there is a baseball game.
　　　　S　　　　　　　　　　　　　　V

▶ living near the stadium은 people을 수식하는 현재분사구이다.

⁶ According to some research, it is **twice as bright as** other villages.

▶ 「배수사+as+형용사의 원급+as」는 ~보다 '몇 배 …한'의 의미이다.

02 [역사 | 프랑스 혁명] 바스티유 데이

교육부 지정 중학 필수 어휘
1 protested 2 governed 3 proud 4 unfair 5 democracy 6 approved 7 revolution 8 nobles

START READING!
1 부당한, 불공평한 2 (1) F (2) F (3) T

KEEP READING!
1 ④ 2 ③ 3 ② 4 ② 5 approve

KEEP READING! 해설

1 지문에 가장 적절한 주제를 고르는 문제이다. 프랑스 혁명이 일어나게 된 계기와 그 과정을 설명하는 내용이므로 정답은 ④이다.
① 프랑스 사람들은 어떻게 프랑스 혁명 기념일을 기념하는가
② 프랑스 왕국의 상징
③ 프랑스 왕국의 위대한 왕
④ 프랑스 혁명 기념일의 탄생
⑤ 프랑스에 일어난 민주주의에 대항하는 시위

2 사람들이 굶주리고 가난하더라도 왕과 왕비는 귀족들과 파티를 즐겼다(Even though people outside ~ parties with rich nobles.)고 했지만, 그들을 바스티유 감옥에 가두었다는 내용은 없으므로 정답은 ③이다.
① 7월 14일에는 사람들은 프랑스 혁명을 기억한다.
② 사람들은 프랑스 왕국에 화가 났었다.
③ 왕은 파티를 즐겼던 귀족들을 바스티유 감옥에 가뒀다.
④ 바스티유 감옥 공격 후에 그 시위는 5년 동안 계속되었다.
⑤ 프랑스 혁명은 나라를 민주주의로 변화시켰다.

3 주어진 문장은 '루이 16세와 마리 앙투아네트 왕비는 전혀 좋은 왕과 왕비가 아니었다.'라는 의미이다. ②의 앞에는 사람들이 그들의 왕과 왕비에게 매우 화가 났기 때문에 프랑스 혁명이 시작되었다(The French Revolution ~ king and queen.)는 내용이 나오고 뒤에서는 그들이 나라나 백성들을 돌보지 않았다는 내용이 이어지므로 문맥상 주어진 문장이 들어가기에 가장 적절한 곳은 ②이다.

4 빈칸 앞에서는 프랑스 왕국에 화가 난 사람들은 바스티유 감옥을 공격한 후 5년 동안 왕국에 계속 항의했다는 내용이 나오고 빈칸 뒤로는 그 나라의 사람들로 인해 왕국은 끝이 났다는 내용이 나오고 있다. 뒤의 내용이 왕국에 대한 시위 결과에 대해 설명하고 있으므로 정답은 ②이다.
① 그러나 ② 마침내 ③ 게다가 ④ 다시 말해 ⑤ 비슷하게

5 '어떤 것이 마음에 들어 그것에 동의하다'라는 의미이므로 정답은 approve(찬성하다)이다.

끊어서 읽기

프랑스는 프랑스 혁명 기념일을 축하한다 / 7월 14일에. 프랑스 혁명 기념일에 /
¹ France celebrates Bastille Day / on July 14th. ² On Bastille Day, /

사람들은 프랑스 왕국의 종말을 기억한다 /
people remember the end of the French Kingdom / and the beginning

그리고 프랑스 혁명의 시작.
of the French Revolution.

프랑스 혁명은 시작되었다 // 사람들이 그들의 왕과 왕비에게 매우
³ The French Revolution began // because people were mad at their

어휘 확인하기

celebrate 기념하다, 축하하다
revolution 혁명
mad 몹시 화가 난
take care of ~을 돌보다
even though 비록 ~일지라도
careless 무심한, 무관심한
noble 고귀한, 귀족의; 귀족, 상류층

화가 났기 때문에.
king and queen. ⁴ King Louis XVI and Queen Marie Antoinette /
루이 16세와 마리 앙투아네트 왕비는

좋은 왕과 왕비가 전혀 아니었다.   그들은 돌보지 않았다
were not a good king and queen at all. ⁵ They didn't take care of /

그들의 나라나 그들의 백성.   성 밖의 사람들이 ~일지라도
their country or their people. ⁶ Even though people outside the

굶주리고 가난했다   //   그들의 무관심한 왕과 왕비는
castle / went hungry and poor, // their careless king and queen

파티를 즐겼다   부유한 귀족들과.   사람들은 생각했다   // 그것은 불공평하다고
enjoyed parties / with rich nobles. ⁷ People thought // that it was
(~인 것을)

그리고 바스티유 감옥에 공격을 계획했다.
unfair / and planned an attack on the Bastille prison.

바스티유는 왕국의 상징이었다,   왜냐하면 왕과 왕비가
⁸ The Bastille was a symbol of the kingdom, // because the king and

사람들을 가두고 있었기 때문에   바스티유에
queen had been locking up people / in the Bastille / who didn't

그들의 결정에 동의하지 않는.   1789년 7월 14일에,   화가 난 군중은
approve of their decisions. ⁹ On July 14, 1789, / a crowd of angry

바스티유 감옥을 공격했다   그리고 계속해서 항의했다
people attacked the Bastille prison / and continued to protest /

왕국에 반대하여 5년 동안.   마침내, 왕국이 끝이 났다
against the kingdom for 5 years. ¹⁰ Finally, the kingdom was ended /

그것의 백성들에 의해.   프랑스 혁명은 전환점이었다
by its people. ¹¹ The French Revolution was a turning point /

민주주의의   국가가 어떻게 통치되어야 하는지를 보여준.
for democracy / that showed how a country should be governed.

1880년에   프랑스 혁명 기념일은 국가 공휴일이 되었다   프랑스에서.
¹² In 1880, / Bastille Day became a national holiday / in France.

오늘날, 프랑스의 사람들은   큰 불꽃놀이 쇼와, 퍼레이드, 밴드, 춤을 즐긴다
¹³ Today, people in France / enjoy big fireworks shows, parades,

그들의 자랑스러운 역사를 기념하기 위해!
bands, and dances / to celebrate their proud history!
to+동사원형 〈~하기 위해〉

해석 한눈에 보기

¹프랑스는 프랑스 혁명 기념일을 7월 14일에 기념한다. ²프랑스 혁명 기념일에 사람들은 프랑스 왕국의 종말과 프랑스 혁명의 시작을 기억한다.
³프랑스 혁명은 사람들이 자신들의 왕과 왕비에 매우 화가 났기 때문에 시작되었다. ⁴루이 16세와 마리 앙투아네트 왕비는 전혀 좋은 왕과 왕비가 아니었다. ⁵그들은 나라나 백성을 돌보지 않았다. ⁶성 밖의 사람들이 굶주리고 가난할지라도, 그들의 무관심한 왕과 왕비는 부유한 귀족들과 파티를 즐겼다. ⁷사람들은 그것이 불공평하다고 생각했고 바스티유 감옥에 공격을 계획했다.
⁸왕과 왕비는 자신의 결정에 동의하지 않는 사람들을 바스티유에 가두고 있었기 때문에, 바스티유는 왕국의 상징이었다. ⁹1789년 7월 14일에 화가 난 군중은 바스티유 감옥을 공격했고 5년 동안 왕국에 반대하는 항의를 계속했다. ¹⁰마침내 왕국이 백성들에 의해 끝이 났다. ¹¹프랑스 혁명은 국가가 어떻게 통치되어야 하는지를 보여준 민주주의의 전환점이었다.
¹²1880년에 프랑스 혁명 기념일은 프랑스에서 국가 공휴일이 되었다. ¹³오늘날 프랑스의 사람들은 자신의 자랑스러운 역사를 기념하기 위해 큰 불꽃놀이 쇼, 퍼레이드, 밴드, 그리고 춤을 즐긴다.

⁸ ~, because the king and queen had been locking up *people* in the Bastille [**who** didn't approve of their decisions].

> ▸ who는 주격 관계대명사로, who 이하가 people을 꾸며준다.

¹²The French Revolution was *a turning point for democracy* [**that** showed **how a country should be governed**].

S′   V′   O′

> ▸ that은 주격 관계대명사로, that 이하는 a turning point for democracy를 꾸며준다.

> ▸ how a country should be governed는 showed의 목적어 역할을 하는 간접의문문이다.

---

03 [과학 | 과학과 인류 문명] 실수가 불러온 위대한 발명   본문 p.38~41

교육부 지정 중학 필수 어휘
1 eventually 2 examined 3 stove 4 eager 5 extreme 6 jail 7 attempted 8 crack

START READING!
1 natural rubber started to become popular 2 ②

KEEP READING!
1 ④ 2 ② 3 ④ 4 그는 그 탄 부분이 극도의 열에서 녹지 않았다는 것을 알아챘다 5 C-A-E-D-B

KEEP READING! 해설

1 지문에 가장 적절한 제목을 고르는 문제이다. 고무 문제를 해결하는 데 오랜 시간을 보냈던 찰스 굿이어가 우연한 실수로 쓸모 있는 고무를 만들게 된 일화이므로 정답은 ④이다.
① 고무의 여러 가지 용도
② 고무 사업을 운영하는 방법
③ 실험을 반복하는 것의 중요성
④ 실수로 생긴 유용한 발명품
⑤ 찰스 굿이어의 힘든 일생

2 찰스 굿이어는 1800년에 태어났고(Charles Goodyear was born in 1800 ~.), 1830년에 고무에 흥미가 생겼다(In 1830, he became interested in natural rubber.)고 했으므로 ②는 글의 내용과 일치하지 않는다.

3 주어진 문장은 '그는 가게 주인에게 그것들을 사용하는 방법을 설명하려고 노력했다.'라는 의미이다. ④의 앞에 그가 자기 고무 제품을 자랑하기 위해서 한 가게로 들어갔다(He walked into ~ his rubber products.)는 내용이 나오므로 문맥상 주어진 문장이 들어가기에 가장 적절한 곳은 ④이다.

4 굿이어가 난로에 고무를 떨어뜨렸을 때 무엇을 깨달았는지 묻는 문제이다. 그가 그것들을 살폈을 때, 그는 그 탄 부분이 극도의 열에서 녹지 않았다는 것을 알아챘다(When he examined ~ in extreme heat.)고 했으므로 정답은 '그는 그 탄 부분이 극도의 열에서 녹지 않았다는 것을 알아챘다'이다.

5 시간의 순서에 따라 보기의 A~E를 나열하면, C-A-E-D-B이다.
C. 찰스 굿이어는 철물 사업을 배우기 위해 집을 떠났다.
A. 찰스 굿이어는 고무의 문제를 해결하기 위해 노력했다.
E. 찰스가 고무로 계속 실험하면서 그의 빚은 점점 커졌다.
D. 그 고무 제품은 뜨거운 난로 위에 떨어졌고 조금 탔다.
B. 찰스 굿이어는 그의 제품들을 결빙 온도에서 실험했다.

¹ 찰스 굿이어는 태어났다 / 1800년에 코네티컷에서. ² 그는 집을 떠났다 /
¹ Charles Goodyear was born / in 1800 in Connecticut. ² He left home /

14세의 나이에 / 철물 사업을 배우기 위해. ³ 그가 집으로 돌아온 후에
at the age of 14 / to learn the hardware business. ³ After he came back
to+동사원형 (~하기 위해)

그는 철물점을 운영했다 / 그의 아버지와 함께 // 그러나 그것은 잘 되지 않았다.
home, // he ran a hardware store / with his father, // but it didn't go well.

1830년에 / 그는 천연 고무에 흥미가 생겼다. 그 후에 /
⁴ In 1830, / he became interested in natural rubber. ⁵ After that, /

그는 수년을 보냈다 / 고무의 문제를 해결하려고 시도하는 데. ⁶ 굿이어는
he spent years / attempting to solve rubber's problems. ⁶ Goodyear

많은 것을 시도했다 / 고무의 끈적거림을 제거하기 위해 // 하지만 그 모두는 실패했다.
tried many things / to remove rubber's stickiness, // but all of them failed.
to+동사원형 (~하기 위해)

그의 실험은 많은 비용이 들었다 / 그리고 그의 가족을 빚으로 몰아넣었다. 결국
⁷ His experiments cost a lot / and pushed his family into debt. ⁸ Eventually,

/ 그는 심지어 교도소에 수감되었다 / 그의 빚 때문에. 하지만 심지어 교도소에서도 /
/ he was even put in jail / because of his debts. ⁹ But even in prison, /

굿이어는 그의 목표를 포기하지 않았다. 사람들은 그를 미친 사람이라고 불렀다.
Goodyear didn't give up his goal. ¹⁰ People called him a madman.

교도소에서 석방된 후에 / 그는 다시 시도했다. 그는 한 가게로
¹¹ After being released from prison, / he tried again. ¹² He walked into

걸어 들어갔다 / 그의 고무 제품을 자랑하기 위해. 그는 설명하려고 노력했다 /
a store / to show off his rubber products. ¹³ He tried to explain /
to+동사원형 (~하기 위해)

그것들을 사용하는 방법을 / 가게 주인에게. 그러나 그는 너무나 간절했던 나머지 //
how to use them / to the shop owner. ¹⁴ But he was so eager //

그는 그것들을 떨어뜨렸다! 그것들은 뜨거운 난로 위에 떨어졌다 / 그리고 (그것은)
that he dropped them! ¹⁵ They landed on a hot stove / and were

살짝 탔다. 그가 그것을 살폈을 때 // 그는 알아챘다 //
burned a little bit. ¹⁶ When he examined them, // he realized //
                                                              that

그 탄 부분이 녹지 않았다는 것을 / 극도의 열에서. 그는 또한 그것을 시험했다 /
the burned part didn't melt / in extreme heat. ¹⁷ He also tested it /

어는 온도에서 // 그리고 그것은 깨지지 않았다. 그는 마침내
in freezing temperatures, // and it didn't crack. ¹⁸ He finally

쓸모 있는 종류의 고무를 만들어냈다 // 그리고 그것은 모두 실수에 의한 것이었다.
produced a useful type of rubber, // and it was all by mistake.

hardware 철물
run 운영하다
rubber 고무
attempt 시도; 시도하다
remove 제거하다
stickiness 끈적거림
experiment 실험
cost (값·비용이) ~들다[이다]
debt 빚
eventually 결국, 마침내
jail 교도소, 감옥; 투옥하다, 수감하다
give up 포기하다
madman 미친 사람
release 석방하다
show off ~을 자랑하다, 과시하다
eager 열렬한, 간절히 바라는
land 착륙하다, 떨어지다
stove 스토브, 난로
examine 검사하다, 살펴보다
realize 깨닫다, 알아차리다
melt 녹다
extreme 극도의, 극심한
freeze 얼다
crack 깨지다, 갈라지다; 깨뜨리다, 갈라지게 하다; (무엇이 갈라져서 생긴) 금
mistake 실수

해석 한눈에 보기

¹찰스 굿이어는 코네티컷에서 1800년에 태어났다. ²그는 14세의 나이에 철물 사업을 배우기 위해 집을 떠났다. ³그는 집으로 돌아온 후에 아버지와 함께 철물점을 운영했는데 그것은 잘 되지 않았다. ⁴1830년에 그는 천연 고무에 흥미가 생겼다. ⁵그 후에 그는 고무의 문제점을 해결하려고 시도하는 데 수년을 보냈다. ⁶굿이어는 고무의 끈적거림을 없애기 위해 많은 것을 시도했지만 모두 실패했다. ⁷그의 실험은 많은 비용이 들었고 그의 가족은 빚에 내몰렸다. ⁸결국 그는 빚 때문에 교도소에 수감되기까지 했다. ⁹하지만 심지어 교도소에서도 굿이어는 자신의 목표를 포기하지 않았다. ¹⁰사람들은 그를 미친 사람이라고 불렀다.
¹¹교도소에서 석방된 후에 그는 다시 시도했다. ¹²그는 한 가게로 걸어 들어가 자신의 고무 제품들을 자랑했다. ¹³그는 가게 주인에게 그것들을 사용하는 방법을 설명하려고 노력했다. ¹⁴그러나 그는 너무나 간절했던 나머지 그것들을 떨어뜨렸다! ¹⁵그것들은 뜨거운 난로 위로 떨어졌고 살짝 탔다. ¹⁶그가 그것들을 살폈을 때 그는 그 탄 부분이 극한의 열에서 녹지 않았다는 것을 알아챘다. ¹⁷그는 또한 그것을 어는 온도에서 시험해봤고 그것은 깨지지 않았다. ¹⁸그는 마침내 쓸모 있는 종류의 고무를 만들어냈고 그것은 모두 실수에 의한 것이었다.

⁵ After that, he **spent years attempting** to solve rubber's problems.

▸ 「spend+시간+-ing」는 '~하는 데 (시간)을 보내다'라는 의미이다.

¹³ He **tried to explain** how to use them to the shop owner.

▸ 「try to+동사원형」은 '~하려고 노력하다'라는 의미이고, 「how to+동사원형」은 '~하는 방법'이라는 의미이다.

¹⁴ But he was **so** eager **that** he dropped them!

▸ 「so+형용사[부사]+that ...」은 '매우 ~해서 …하다'라는 의미이다.

---

04 [사회 | 환경 문제와 지속 가능한 환경] 사라지고 있는 섬 몰디브   본문 p.42~45

교육부 지정 중학 필수 어휘

1 wiped 2 disasters 3 treasured 4 surrounded 5 fate 6 phenomenon 7 claimed

START READING!

1 about 1,000 different kinds of sea animals 2 운명

KEEP READING!

1 ⑤ 2 ②, ⑤ 3 ④ 4 ② 5 treasured

KEEP READING! 해설

1 지문에 가장 적절한 주제를 고르는 문제이다. 지구 온난화가 심해지면서 몰디브가 겪는 어려움에 관한 내용이므로 정답은 ⑤이다.
① 지구 온난화의 결과
② 몰디브를 살릴 수 있는 방법
③ 곧 사라질 국가들
④ 몰디브, 지구상에서 가장 아름다운 섬
⑤ 지구 온난화가 어떻게 낮은 섬들을 위협하는가

2 지구의 평균 기온이 높아지면서 빙하를 녹게 만들고, 이것이 바다에 물을 더하기 때문에 해수면의 높이가 올라간다(This makes glaciers ~ surround them.)는 내용이 있으므로 ②는 답으로 적절하고, 몰디브의 대통령인 모하메드 나쉬드가 '내셔널 지오그래픽'에 이야기했다(Maldives President Mohamed Nasheed ~ a serious voice.)는 내용이 있으므로 ⑤ 역시 답으로 알맞다.
① '몰디브'의 의미
② 해수면이 왜 상승해 왔는지
③ 몰디브의 인구
④ 몰디브에서 가장 인기 있는 장소
⑤ 몰디브 대통령의 이름

3 빈칸이 포함된 문장은 '~라고 몰디브의 대통령인 모하메드 나쉬드는 심각한 목소리로 '내셔널 지오그래픽'에 말했다.'는 의미이다. 문장의 앞부분에는 해수면의 상승에 따라 몰디브와 같이 낮은 섬들은 좋지 않은 운명을 맞이할 수 있다는 내용이 나오므로 기후 변화의 심각성이 표현된 내용의 문장이 오는 것이 적절하므로 답은 ④이다.
① 지구에서 가장 아름다운 장소에 오신 것을 환영합니다
② 우리 전통을 지키는 것은 쉽지 않다.
③ 우리는 세계 최고의 호텔과 리조트를 갖고 있습니다
④ 우리에게 기후 변화는 실재합니다
⑤ 수상 레저 활동을 즐기는 사람들이 점점 줄어들고 있다.

4 밑줄 친 meet an unhappy fate는 '좋지 않은 운명을 맞이하다'라는 의미이다. 지구의 평균 기온이 높아짐에 따라 해수면의 높이가 올라가서 몰디브와 같이 낮은 곳에 위치한 섬들이 바다로 가라앉을 위기에 처해 있다는 내용의 글이므로 밑줄 친 말의 의미로 가장 적절한 것은 ②이다.

① 태풍으로 고통받다
② 바다에 가라앉다
③ 더욱 위험해지다
④ 아름다움을 잃다
⑤ 인기가 줄다

5 (1) 그 남자아이는 부모님에게 받은 선물이기 때문에 자신의 자전거를 (A) 귀하게 여겼다.
(2) 어떤 사람들은 자신의 (B) 소중한 물건들은 상자 안에 잠가서 보관한다.
첫 번째 문장의 (A)에는 '귀하게 여겼다'라는 말이 들어가고, 두 번째 문장의 (B)는 '소중한'이라는 말이 들어가므로 정답은 treasured이다.

끊어서 읽기

연구원들에 따르면 / 몰디브는 미래에 존재하지 않을 것이다 /
¹ According to researchers, / the Maldives won't exist in the future /

또는 단순히 같은 모습이 아닐 것이다 / 그것이 지금과 같은 해수면 위로 약 1.5미터에
or simply won't look the same / as it does now. ² At about one and

/ 몰디브는 지구에서 가장 낮은 나라이다.
a half meters above sea level, / the Maldives is the lowest country on Earth.

"왜냐하면 대부분의 몰디브의 섬들이 / 1~2미터보다 아래에 있다
³ "Because most of the islands in the Maldives / are less than a meter

/ 해수면 위로 // 그것은 바다 아래로 가라앉을 것이다 /
to two meters / above sea level, // it is likely to be sunk under the ocean /

그리고 곧 지도에서 지워질 것이다." / 연구원들은 주장했다.
and wiped from the map soon," / claimed the researchers.

이 현상은 ~로 인한 것이다 / 지구 온난화와 기후 변화 /
⁴ This phenomenon is due to / global warming and climate change: /

온실 가스가 증가할수록 // 지구의 평균 기온은
as greenhouse gases increase, // the average temperature

점점 더 올라간다. 이것은 빙하를 녹게 만든다 / 추가의 물을
of the Earth gets hotter. ⁵ This makes glaciers melt, / adding extra

그것들을 에워싼 바다에 더하면서. 해수면이 상승함에 따라 //
water to the oceans that surround them. ⁶ As sea levels rise, //

낮은 섬들, 몰디브와 같은 / 북극과 이탈리아의 베니스와 함께
low islands, like the Maldives / — along with the Arctic and Italy's

/ 곧 좋지 않은 운명을 맞이할 수도 있다. "우리에게 기후
Venice / — could soon meet an unhappy fate. ⁷ "For us, climate

변화는 실재합니다" // 몰디브의 대통령인 모하메드 나쉬드는
change is real," // Maldives President Mohamed Nasheed told

심각한 목소리로 '내셔널 지오그래픽'에 말했다.
National Geographic in a serious voice.

재앙을 막고 섬을 지키기 위해서 /
⁸ In order to prevent disaster and preserve the islands, / local offices and

현지의 사무실과 기업들은 계획을 지원해 오고 있다 / 그곳을 좀 더 환경 친화적으로 만드는.
businesses have been supporting plans / to make the place more
　　　　　　　　　　　　　　　　　　　　　　　to+동사원형 〈~하는〉

이 소중한 섬을 보호하기 위해 / 우리의 다음 세대를 위해
environment-friendly. ⁹ To protect these treasured islands / for our next
　　　　　　　　　　　　　　to+동사원형 〈~하기 위해〉

/ 환경에 대해 먼저 생각하는 것이 우리의 책임이다.
generation, / it is our responsibility to think about the environment first.
　　　　　　　　　　　　　　　　　　　　　　to+동사원형 〈~하는 것은〉

어휘 확인하기

researcher 연구원
exist 존재하다
be likely to ~할 것 같다
wipe 닦다, 닦아 내다; 지우다, 지워 버리다
claim 주장하다; 청구하다, 요구하다
phenomenon 현상
due to ~때문에
global warming 지구 온난화
climate 기후
temperature 온도, 기온
extra 추가의
surround 둘러싸다, 에워싸다
Arctic 북극
fate 운명
prevent 막다
disaster 참사, 재앙
preserve 보존하다, 지키다
support 지원하다
environment-friendly 환경 친화적인
treasure 보물, 대단히 귀중한 것; 대단히 귀하게 여기다
treasured 소중한
generation 세대
responsibility 책임, 책무

[선택지 어휘]
threaten 위협하다
population 인구

해석 한눈에 보기

¹ 연구원들에 따르면 몰디브는 미래에 존재하지 않거나 단순히 그것이 지금과 같은 모습은 아닐 것이다. ² 해수면 위로 약 1.5미터에 있어서 몰디브는 지구에서 가장 낮은 나라이다. ³ "몰디브의 대부분의 섬들이 해수면 위로 1~2미터보다 아래에 있기 때문에 그것은 바다 아래로 가라앉거나 곧 지도에서 지워질 것입니다."라고 연구원들은 주장했다.

⁴ 이 현상은 지구 온난화와 기후 변화에 의한 것이다. 온실가스가 증가함에 따라 지구의 평균 기온은 점점 더 오른다. ⁵ 이것은 빙하를 녹게 만들어 그것들을 둘러싼 바다에 추가의 물을 더한다. ⁶ 해수면이 상승함에 따라 북극과 이탈리아의 베니스와 함께 몰디브와 같은 낮은 섬들은 곧 좋지 않은 운명을 맞이할 수도 있다. ⁷ "우리에게 기후 변화는 실재합니다." 몰디브의 대통령인 모하메드 나쉬드는 심각한 목소리로 '내셔널 지오그래픽'에 말했다.

⁸ 재앙을 막고 섬을 지키기 위해 현지의 사무실과 기업들은 그곳을 좀 더 환경 친화적으로 만드는 계획을 지원해 오고 있다. ⁹ 우리 다음 세대를 위해 이 소중한 섬을 보호하기 위해서 환경에 대해 먼저 생각하는 것이 우리의 책임이다.

필수 구문 확인하기

³ "~, **it is likely to be sunk** under the ocean *and* **wiped** from the map soon," claimed the researchers.

▶ 「it is likely to+동사원형」은 '~일 것 같다'라는 추측을 나타내는 의미이다.

▶ 두 개의 동사구 be sunk ~ ocean과 (be) wiped ~ soon이 and로 연결되어 to에 이어지고 있다.

⁵ This **makes glaciers melt, adding** extra water to *the oceans* [**that** surround them].

▶ 「make+목적어+동사원형」은 '~가 …하게 하다'의 의미이다.

▶ adding 이하는 '연속동작 · 결과'를 나타내는 분사구문으로 and it adds ~로 바꿔 쓸 수 있다.

▶ that은 주격 관계대명사로, that 이하는 the oceans를 꾸며준다.

⁸ **In order to prevent** disaster and **preserve** the islands, local offices and businesses **have been supporting** plans to make the place more environment-friendly.

▶ 「in order+to+동사원형」은 '~하기 위해'의 의미이다.

▶ have been supporting은 현재완료 진행형으로 '지원해 오고 있다'의 의미이다.

⁹ To protect these treasured islands for our next generation, **it** is our responsibility **to think** about the environment first.
가주어   진주어

▶ it은 가주어이고, to think ~ first가 진주어이다.

Chapter 09

01 [사회 | 세계의 기후] 올림픽 국립공원

본문 p.48~51

교육부 지정 중학 필수 어휘
1 remained 2 territory 3 struggle 4 rapid 5 constant 6 incredible 7 individuals

START READING!
1 지역, 영토 2 one of the largest rainforests in America

KEEP READING!
1 ⑤ 2 ④ 3 ③ 4 (1) ① (2) ④ (3) ②

KEEP READING! 해설

1 지문에 가장 적절한 주제를 고르는 문제이다. 올림픽 국립공원에 있는 열대우림 지역에 관한 설명이다. 많은 강수량과 평균 기온이 온화하기 때문에 다양한 동식물이 서식할 수 있다는 내용이므로 정답은 ⑤이다.
  ① 호 레인포레스트에 가는 방법
  ② 온대우림이 왜 중요한가
  ③ 호 레인포레스트에 왜 비가 많이 오는가
  ④ 나무가 자라는 데 완벽한 환경은 무엇인가
  ⑤ 열대우림 지역이 왜 특별한가

2 올림픽 공원의 열대우림 지역은 산으로 둘러싸였고 그 산들은 지역을 너무 덥지도 또는 너무 춥지도 않게 유지한다(Those mountains keep the area not too cold or hot.)고 했으므로 일치하지 않는 것은 ④이다.
  ① 온대우림의 평균 강수량은 150cm 이상이다.
  ② 그 우림의 평균 기온은 4도에서 12도 사이이다.
  ③ 올림픽 국립공원의 열대우림 지역 근처에 대양이 있다.
  ④ 그 산들은 그 지역을 너무 덥게 만든다.
  ⑤ 방문객들은 열대우림 지역에서 보트 투어를 즐길 수 있다.

3 빈칸 앞에서는 방문객들이 공원에서 다양한 동물과 식물들을 볼 수 있다는 내용이고 빈칸 뒤에서는 공원을 방문하는 사람들이 야생을 즐기면서 다양한 활동을 할 수 있다는 내용이다. 빈칸 뒤에서는 공원을 방문하는 사람들이 할 수 있는 또 다른 새로운 사실에 대해 언급하고 있으므로 정답은 ③이다.
  ① 예를 들어 ② 그러나 ③ 게다가 ④ 반면에 ⑤ 대신에

4 올림픽 국립공원에서 열대우림 지역은 비가 많이 오기 때문에 나무가 자라기에 훌륭한 장소라고 했으므로 (1)에는 excellent가 적절하고 열대우림 주변은 산으로 둘러싸였기 때문에 대양으로부터 온 습기를 머물게 한다는 내용이므로 (2)에는 stay가 알맞다. 방문객들이 다양한 활동을 즐길 수 있지만 공원은 환경을 지키기 위해 노력한다는 내용이 있으므로 (3)에는 protect가 적절하다.

> 올림픽 국립공원의 열대우림 지역은 비가 많이 오기 때문에 나무가 빨리 자라기에 (1) 완벽한 곳이다. 열대우림 지역 주변에는 산들이 있으며, 이것은 대양으로부터 온 습기를 공원에 (2) 머물게 한다. 하이킹과 같은 다양한 활동을 즐길 수 있지만 그 공원은 환경을 (3) 보호하기 위해 열심히 노력하고 있다.

  ① 완벽한 ② 보호하다 ③ 지속적인 ④ 머물다 ⑤ 빠른

끊어서 읽기

열대우림 영역은 / 올림픽 국립공원 안의 / 공원의 서쪽 지역에 있다.
¹ The rainforest regions / in Olympic National Park / are in the park's

그것은 온대우림이다.
western territories. ² They are temperate rainforests. ³ A temperate

어휘 확인하기

rainforest 열대우림
region 영역
western 서쪽의, 서쪽에 있는
territory 지역, 영토

온대우림은 비가 많이 내린다 / 1년에 150센티미터 이상.
rainforest gets a lot of rain, / more than 150 centimeters a year.

모든 비와 안개 때문에 / 많은 습기가 있다
⁴ Because of all the rain and fog, / there is a lot of moisture / in

공기 중에. 평균 온도는 / 약 섭씨 4도에서 12도이다.
the air. ⁵ The average temperature is / about 4 to 12°C.

호 레인포레스트는 / 올림픽 국립공원 안의 / 380센티미터의
⁶ The Hoh Rainforest / in Olympic National Park / gets 380 centimeters

강우량을 얻는다 / 평균적으로 매년. 그것은 훌륭한 환경이다 /
of rainfall / on average every year. ⁷ It is an excellent environment /

나무가 빠른 성장과 큰 크기를 얻게 하는 데.
for trees to achieve rapid growth and large sizes.

그러면 왜 온대우림이 있는 걸까 / 올림픽 국립공원 안에?
⁸ Then why are there temperate rainforests / in Olympic National Park?

대양으로부터 온 습한 공기는 / 열대우림에 머무른다 //
⁹ The wet air from the ocean / remains in the rainforests // because

그 지역 주변에 산이 있기 때문에. 그런 산들은 그 지역을 유지해 준다 /
there are mountains around them. ¹⁰ Those mountains keep the area /

너무 춥거나 덥지 않게.
not too cold or hot.

그래서, 방문객들은 볼 수 있다 / 많은 다른 종류의 동물과 식물을 /
¹¹ So, visitors can see / many different kinds of animals and plants /

공원에서. 게다가 공원을 방문하는 사람들은 /
in the park. ¹² In addition, the individuals who visit the park /

활동을 할 수 있다 / 하이킹과 보트 투어 같은 /
can do activities / such as hiking and boat tours / while enjoying

놀라운 야생을 즐기면서. 하지만 지속적인 노력이 있어왔다.
the incredible wilderness. ¹³ However, there has been a constant

/ 그 장소를 보존하려는. 예를 들어 그 공원은 제한한다 /
struggle / to preserve the place. ¹⁴ For example, the park limits /

하루의 방문객의 수를 / 환경을 보호하기 위해서.
the number of visitors a day / to protect the environment.
　　　　　　　　　　　to+동사원형 〈~하기 위해〉

moisture 습기
average 평균의
rainfall 강우, 강우량
excellent 뛰어난, 훌륭한
environment 환경
achieve 얻다
rapid 빠른
remain 계속 ~이다; 남다
individual 각각의, 개인의; 개인;
사람
incredible 놀라운, 대단한
wilderness 야생
constant 끊임없는, 지속적인
struggle 애쓰다; 노력, 투쟁
preserve 보존하다, 지키다
limit 제한하다

해석 한눈에 보기

¹올림픽 국립공원 안의 열대우림 영역은 공원의 서쪽 지역에 있다. ²그것은 온대우림이다. ³온대우림은 1년에 150센티미터 이상의 많은 비가 내린다. ⁴모든 비와 안개 때문에 공기 중에 습기가 많이 있다. ⁵평균 온도는 약 섭씨 4도에서 12도이다. ⁶올림픽 국립공원 안의 호 레인포레스트는 매년 평균 380센티미터의 강우량을 얻는다. ⁷그것은 나무가 빨리 성장하고 큰 크기를 얻기에 아주 좋은 환경이다. ⁸그러면 왜 온대우림이 올림픽 국립공원 안에 있는 걸까? ⁹대양으로부터 온 습한 공기는 그 지역 주변에 산이 있기 때문에 열대우림에 머무른다. ¹⁰그 산들은 그 지역이 너무 춥거나 덥지 않게 유지해 준다. ¹¹그래서 방문객들은 많고 다양한 종류의 동식물을 공원에서 볼 수 있다. ¹²게다가 공원에 방문하는 사람들은 놀라운 야생을 즐기면서 하이킹과 보트 투어와 같은 활동을 할 수 있다. ¹³하지만 그 장소를 보존하려는 지속적인 노력이 있어왔다. ¹⁴예를 들어 환경을 보호하기 위해서 그 공원은 하루의 방문객의 수를 제한한다.

필수 구문 확인하기

⁷ It is an excellent environment *for trees* **to achieve** rapid growth and large sizes.

▶ to achieve는 '해내는 데, 이루게 하기에'라는 뜻의 부사적 용법의 to부정사이고 for trees는 to부정사의 의미상의 주어이다.

^{10}Those mountains **keep** the area not too **cold** or **hot**.

<u>V</u>   <u>O</u>   <u>C</u>

▶「keep+목적어+형용사」는 '~을 …하게 유지하다'의 의미이다.

---

02   [과학 | 식물체의 구성] 조용한 파괴자 흰개미   _{본문 p.52~55}

교육부 지정 중학 필수 어휘

1 safe   2 appreciate   3 posted   4 secure   5 documents   6 indicated   7 criminal   8 store

START READING!

1 there is another difference   2 ②

KEEP READING!

1 ②   2 ②   3 ①   4 his important documents, cash, and valuables   5 secure

---

KEEP READING! 해설

1 지문에 가장 적절한 제목을 고르는 문제이다. 어떠한 침입이나 화재의 증거도 없이 한 남자의 은행 금고 안에 있던 것들이 사라졌는데, 은행에 있던 흰개미가 그의 금고 안에 있던 돈과 귀중품을 먹어 치웠다는 내용이다. 따라서 정답은 ②이다.
① 흰개미들이 먹기 좋아하는 것
② 누가 금고에서 모든 것을 훔쳤나?
③ 인도에서 흰개미를 찾기 위한 여행
④ 도둑으로부터 당신의 돈을 안전하게 지키는 방법
⑤ 도둑에 취약한 인도 은행의 보안 시스템

2 침입 또는 화재의 증거도 없었으며 금고의 문은 심지어 잠겨 있었다(The door of the safe was even still locked.)고 했으므로 글의 내용과 일치하지 않는 것은 ②이다.

3 주어진 문장은 '그러나 그가 금고를 열었을 때 그는 자신의 눈을 믿을 수가 없었다.'라는 의미이다. ① 앞에서는 그가 금고에서 돈을 찾기 위해 은행에 갔다는 내용이고 뒤에서는 그의 금고가 비어있고 모든 귀중품이 사라졌다는 내용이다. 은행에 가서 금고를 열고 난 후에 놀랐던 이유에 관해 설명하고 있으므로 주어진 문장이 들어가기에 적절한 곳은 ①이다.

4 한 남자가 흰개미 때문에 자신의 금고 안에 들어있던 모든 것이 사라졌다는 내용이다. 따라서 밑줄 친 their expensive meal은 흰개미가 먹어 버린 그 남자의 금고 안에 있었던 물건들을 가리킨다. 따라서 정답은 글의 앞부분에 나온 his important documents, cash, and valuables이다.

5 ⓐ는 '다치거나 손해를 입거나 도난당하는 것으로부터 보호받는'을 의미하고 ⓑ는 '안전하게 혹은 피해가 없게 하는 것'을 의미하므로 secure(안전한, 위험 없는; 안전하게 하다, 지키다)가 정답이다.

끊어서 읽기

^{1}A 60-year-old man / who lives in India / recently experienced a
<small>60세의 한 남자가 / 인도에 사는 / 최근에 매우 불운한 일을 경험했다.</small>

very unlucky thing. ^{2}He had kept all his important documents, cash, and
<small>그는 자신의 모든 중요한 서류, 현금, 그리고 귀중품을 보관해왔었다</small>

valuables / in a safe in the Bank of India. ^{3}To him, / this seemed secure.
<small>/ 인도은행의 금고에. / 그에게는 / 이것이 안전해 보였다.</small>

^{4}One day, / he went to the bank / to get some money / out of his safe.
<small>어느 날 / 그는 은행에 갔다 / 돈을 좀 찾으러 / 그의 금고에서.</small>

어휘 확인하기

recently 최근에
document 문서, 서류
valuable 《복수형》 귀중품
safe 안전한; 금고
secure 안전한, 위험 없는; (건물 따위가) 튼튼한, 안정된; 확보하다; 안전하게 하다, 지키다
gone 사라진

그러나 / 그가 금고를 열었을 때 // 그는 그의 눈을 믿을 수가 없었다!
⁵ However, / when he opened the safe, // he could not believe his eyes!

그것은 비어 있었다 // 그리고 그의 모든 귀중품들은 사라졌다.
⁶ It was empty, // and all his valuables were gone. ⁷ There was no

증거도 없었다 / 침입이나 화재의. 금고의 문은 심지어 여전히
evidence of / a break-in or fire. ⁸ The door of the safe / was even still
(no evidence of)

잠겨 있었다. 당신은 짐작할 수 있는가 // 어떤 일이 여기서 일어났는지?
locked. ⁹ Can you guess // what happened here?

놀랍게도 / 그것은 드러났다 // 범인이 흰개미였다는 것이!
¹⁰ Surprisingly, / it turned out // that the criminals were white ants!

그 노인은 매우 화가 났다 // 그가 가진 모든 것이 사라졌기 때문에.
¹¹ The old man was very angry // because everything he owned
                                                         that
was gone. ¹² He asked the bank to pay / for his loss. ¹³ But the
그는 은행에 지불할 것을 요구했다 / 그의 손실에 대해서. 그러나

그 은행은 그에게 공고 하나를 보여주었다 / 벽에 붙어 있는 / 금고가 있는 방 근처에.
bank showed him a notice / posted on the wall / near the room of safes.

그 공고는 나타냈다 // 손님들이 금고로부터 그들의 중요한 서류들을 없애야 한다는 것을
¹⁴ The notice indicated // that customers must remove their important

/ 그리고 더 안전한 다른 곳에 그것들을 보관해야 한다는 것을 //
papers from the safes / and store them somewhere more secure //

흰개미들이 안에 있는 어떤 것이든 먹을 수 있기 때문에. 슬프게도 / 이 불쌍한 노인은
since white ants could eat anything inside. ¹⁵ Sadly, / this poor old man

은행을 방문하지 않았다 / 한동안 // 그래서 그는 그 공고를 보지 못했다.
hadn't visited the bank / for a while, // so he hadn't seen the notice.

사람들은 이 노인을 안타깝게 여겼다 / 그리고 궁금해했다 // 그 흰개미들이
¹⁶ People felt sorry for this old man / and wondered // whether the

그들의 비싼 식사를 감사했는지!
white ants appreciated their expensive meal!

---

evidence 증거
break-in (절도를 위한) 침입
lock (자물쇠로) 잠그다
surprisingly 놀랍게도
turn out ~인 것으로 드러나다
[밝혀지다]
criminal 범죄의; 범인, 범죄자
own 소유하다
loss 손실, 분실
notice 공고, 안내문
post 우편, 우편물; 발송하다,
부치다; 게시하다, 공고하다
indicate 나타내다, 가리키다
remove 없애다, 제거하다
paper 《복수형》 서류, 문서
store 가게, 상점; (~에 대비하여)
저장하다, 보관하다
wonder 궁금해하다
whether ~인지 아닌지
appreciate 진가를 알다,
인정하다; 고맙게 생각하다,
감사하다

해석 한눈에 보기

¹인도에 사는 한 60세 남자가 최근에 매우 불행한 일을 겪었다. ²그는 자신의 모든 중요한 서류와 현금, 그리고 귀중품을 인도은행의 한 금고에 보관했다. ³그에게는 이것이 안전해 보였다.
⁴어느 날 그는 자신의 금고에서 돈을 좀 찾으려고 은행에 갔다. ⁵그러나 그가 금고를 열었을 때 그는 자신의 눈을 믿을 수가 없었다! ⁶그것은 비어 있었고 그의 모든 귀중품들은 사라졌다. ⁷어떤 침입이나 화재의 증거도 없었다. ⁸금고의 문은 심지어 여전히 잠겨 있었다. ⁹당신은 여기서 어떤 일이 일어났는지 짐작할 수 있는가?
¹⁰놀랍게도 범인이 '흰개미'였다는 것이 드러났다! ¹¹그 노인은 그가 가진 모든 것이 사라졌기 때문에 몹시 화가 났다. ¹²그는 자신의 손실에 대해 지불하라고 은행에 요구했다. ¹³하지만 은행은 그에게 금고가 있는 방 근처 벽에 붙어 있는 공고를 하나 보여주었다. ¹⁴그 공고는 흰개미들이 안에 있는 모든 것을 먹을 수 있기 때문에 손님들은 자신의 금고로부터 중요한 서류를 없애야 하고 그것을 더 안전한 다른 곳에 보관해야 한다는 것을 나타냈다. ¹⁵슬프게도 이 불쌍한 노인은 한동안 은행에 오지 않아서 그 공고를 보지 못했다.
¹⁶사람들은 이 노인을 안타깝게 여겼고 그 흰개미들이 그들의 비싼 식사를 감사히 여겼는지 궁금해했다!

필수 구문 확인하기

⁹ Can you guess **what happened here?**

▶ what 이하는 guess의 목적어로 쓰인 명사절이다.

¹⁰ Surprisingly, **it** turned out **that** the criminals were white ants!
          가주어   진주어

▶ it은 가주어, that 이하는 진주어이다.

[15] Sadly, this poor old man **hadn't visited** the bank for a while, so he **hadn't seen** the notice.

▶ 「had+p.p.」는 과거완료시제로 과거 시점 이전의 일을 나타낸다.

[16] People felt sorry for this old man, and wondered **whether** the white ants appreciated their expensive meal!

▶ whether는 '~인지 어떤지'의 의미를 가진 접속사로, whether 이하는 wondered의 목적어이다.

---

03 [수학 | 통계] 통계를 실생활에 접목시킨 나이팅게일

본문 p.56~59

교육부 지정 중학 필수 어휘
1 complicated 2 funded 3 convince 4 rescued 5 select 6 rate 7 established 8 pleasant 9 educated

START READING!
1 ② 2 many patients die during their

KEEP READING!
1 ③ 2 ⑤ 3 ⓐ: government officials ⓑ: statistics 4 ③ 5 rescue

KEEP READING! 해설

1 지문에 가장 적절한 주제를 고르는 문제이다. 나이팅게일은 병원 환경을 개선하여 많은 군인들을 살렸고 미래의 간호사들을 양성하기 위해 간호학교도 설립했다는 내용이다. 나이팅게일의 일과 업적에 관한 글이므로 정답은 ③이다.
① 나이팅게일이 왜 '등불을 든 여인'이라 불렸는가
② 나이팅게일의 장미 표는 어떻게 만들어졌는가
③ 나이팅게일의 일과 주요 업적
④ 크림전쟁의 군인 사망률
⑤ 질병과 오염의 관계

2 나이팅게일이 런던통계협회의 첫 여성 회원으로 선출되었다(Also, she became ~ the Statistical Society of London.)고 했지만 그곳에서 기금을 받았다는 언급은 없었으므로 정답은 ⑤이다.

3 밑줄 친 ⓐ them과 ⓑ They가 가리키는 것을 묻는 문제이다. ⓐ 앞에서 나이팅게일이 깨끗한 병원 환경은 많은 군인들의 목숨을 살릴 수 있다고 정부 관료들을 이해시켜야 했다는 내용이 나오므로 ⓐ는 정부 관료들(government officials)을 가리킨다. ⓑ 앞에서는 통계는 그저 숫자 묶음으로만 생각했었는지를 묻는 말이 나오며, 뒤에서는 그것은 많은 사람들의 목숨을 구하기 위해 사용되는 도구가 될 수 있다고 설명한다. 따라서 ⓑ는 통계(statistics)를 가리킨다. 정답은 ⓐ는 government officials, ⓑ는 statistics이다.

4 빈칸 앞에서는 나이팅게일이 자신의 통계 도구와 표로 병원 환경을 개선하기 위한 기금을 받았다는 내용이 나오며, 빈칸을 포함한 문장에서는 그녀가 런던통계학회의 최초 여성 회원이 되었다는 내용이다. 나이팅게일이 노력한 결과로 학회에 인정을 받아 정식 회원이 되었다는 내용이 이어지므로 빈칸에 들어갈 말로 가장 적절한 것은 ③이다.
① 그러나 ② 예를 들어 ③ 결과적으로 ④ 반면에 ⑤ 다시 말해서

5 '위험으로부터 누군가를 구하는 것'을 의미하는 rescue(구하다, 구조하다)가 정답이다.

끊어서 읽기

나이팅게일은 깨달았다 // 그녀가 죽어가는 군인들을 구할 수 있다는 것을 /
[1] Nightingale realized // that she could rescue dying soldiers / with
　　　　　　　　　　　(~인 것을)

더 쾌적한 환경으로. 그러나 돕기 위해서는 / 그녀는 받아야만 했다
more pleasant conditions. [2] But in order to help, / she needed to get
　　　　　　　　　　　in order to+동사원형 (~하기 위해)

어휘 확인하기

realize 깨닫다
rescue 구하다, 구조하다; 구출, 구조
soldier 군인

money / from the government. 3 She had to convince government

정부로부터. *그녀는 정부 관료들을 납득시켜야 했다*

officials // that a clean environment in hospitals / would save many

(~인 것을) *병원에서의 깨끗한 환경이* *많은 군인들의*

soldiers' lives. 4 She wanted to persuade them, // but they were not

생명을 구할 것이라고. *그녀는 그들을 설득하기를 원했다* *그러나 그들은 기꺼이*

willing to look / at complicated figures. 5 So, / she came up with a

보려고 하지 않았다 *복잡한 숫자들을.* *그래서 /* *그녀는 새로운*

new idea. 6 Instead of writing down numbers / and complicated data, /

생각을 떠올렸다. *숫자를 쓰는 대신에* *그리고 복잡한 데이터를 /*

Nightingale drew charts / to show the death rate of soldiers / and

나이팅게일은 표를 그렸다 / *군인들의 사망률을 보여주기 위해서*
to+동사원형 (~하기 위해)

causes of death. 7 They were named "rose charts." 8 The results of her

그리고 사망의 원인. *그것들은 '장미 표'라고 이름 지어졌다.* *그녀의 연구 결과는 보여 주었다*

study showed // that dirty living conditions spread disease.

더러운 생활환경이 질병을 퍼뜨린다는 것을.
(~인 것을)

9 After the Crimean War, / based on her experience and knowledge, /

크림전쟁 후에 / *그녀의 경험과 지식을 기반으로 /*

she worked hard / to improve the living environment / and

그녀는 열심히 일했다 / *생활환경을 개선하기 위해서 /*
to+동사원형 (~하기 위해)

conditions in hospitals. 10 Also, / she established a nursing school /

그리고 병원에서의 환경. *또한 /* *그녀는 간호학교를 설립했다 /*

to create future nurses. 11 With her statistics tools and charts, /

미래의 간호사를 양성하기 위해. *그녀의 통계학적 도구와 표로 /*
to+동사원형 (~하기 위해)

she got funded by the government / to improve the environment in

그녀는 정부의 기금을 받았다 / *병원에서의 환경을 개선하기 위해.*
to+동사원형 (~하기 위해)

hospitals. 12 As a result, / she became the first woman / to be selected /

결과적으로 / *그녀는 첫 여성이 되었다 /* *선발되는 /*
to+동사원형 (~하는)

as a member of the Statistical Society of London.

런던통계협회의 회원으로.

13 Did you think // that statistics are just sets of numbers? 14 They

당신은 생각했는가 // *통계가 그저 숫자 묶음이라고?* *그것들은*
(~인 것을)

can be a tool / to save many people's lives. 15 Did you think //

도구가 될 수 있다 / *많은 사람들의 생명을 구하는.* *당신은 생각했는가 //*
to+동사원형 (~하는) *^*
that

Nightingale was just "a lady with a lamp"? 16 She was also a great scholar /

나이팅게일은 그냥 '등불을 든 여인'이라고? *그녀는 또한 위대한 학자였다 /*

who understood the power of numbers / and wisely created new types

숫자의 힘을 이해한 *그리고 현명하게 새로운 종류의 표를 만든*

of charts / to educate people.

사람들을 교육시키기 위해.
to+동사원형 (~하기 위해)

---

pleasant 즐거운, 유쾌한; 쾌적한, 좋은
government 정부, 정권
convince 확신시키다, 납득시키다; 설득하다
official 공무원, 관리자
environment 환경
persuade 설득하다
be willing to 기꺼이 ~하다
complicated 복잡한
figure 숫자
come up with ~을 생각해 내다
data 정보, 데이터, 자료
chart 차트, 표
rate 속도; 비율; 평가되다, 여겨지다
cause 원인
spread 퍼뜨리다
disease 병, 질병
based on ~에 기초한, ~에 기반을 둔
knowledge 지식
improve 개선하다
establish 설립하다, 개설하다
nursing school 간호학교
tool 도구
fund 기금, 자금; 자금[기금]을 대다
get funded 자금을 얻다
select 선발하다, 선택하다
society 협회, 단체
scholar 학자
educate 교육하다, 가르치다

해석 한눈에 보기

1 나이팅게일은 더 쾌적한 환경으로 죽어가는 군인들을 구할 수 있다는 것을 깨달았다. 2 그러나 돕기 위해서 그녀는 정부로부터 돈을 받아야만 했다. 3 그녀는 병원의 깨끗한 환경이 많은 군인들의 생명을 구할 것이라고 정부 관료들을 납득시켜야 했다. 4 그녀는 그들을 설득하기 원했지만 그들은 복잡한 숫자를 보려고 하지 않았다. 5 그래서 그녀는 새로운 생각을 떠올렸다. 6 숫자나 복잡한 자료를 쓰는 것 대신에 나이팅게일은 군인들의 사망률과 사망의 원인을 보여주기 위해 표를 그렸다. 7 그것들은 '장미 표'라고 명명되었다. 8 그녀의 연구 결과는 더러운 생활환경이 질병을 퍼뜨린다는 것을 보여 주었다.

⁹크림전쟁 후에 그녀의 경험과 지식에 기반을 두어 그녀는 생활환경과 병원의 환경을 개선하기 위해 열심히 일했다. ¹⁰또한 그녀는 미래의 간호사를 양성하기 위해 간호학교를 설립했다. ¹¹그녀의 통계학적 도구와 표로 그녀는 병원 환경을 개선하기 위해 정부로부터 기금을 받았다. ¹²결과적으로 그녀는 런던통계협회의 회원으로 선출된 첫 번째 여성이 되었다.

¹³당신은 통계가 그냥 숫자 묶음이라고 생각했는가? ¹⁴그것들은 많은 사람들의 생명을 구하는 도구가 될 수 있다. ¹⁵당신은 나이팅게일이 그냥 '등불을 든 여인'이라고 생각했는가? ¹⁶그녀는 또한 숫자의 힘을 이해하고 사람들을 교육시키기 위해 현명하게 새로운 종류의 표를 만든 위대한 학자였다.

필수 구문 확인하기

³ She had to **convince** government officials **that** a clean environment in hospitals would save many soldiers' lives.

▶ 「convince+목적어+that절」의 구조로 '~에게 …을 납득시키다'라는 뜻이다.

¹²As a result, she became *the first woman* [**to be selected** as a member of the Statistical Society of London].

▶ to be selected는 「be+p.p.」의 수동태와 to부정사가 합쳐진 것으로 '선발된'이라는 의미이며 앞의 명사 the first woman을 수식하는 형용사적 용법으로 쓰였다.

¹⁶She was also *a great scholar* [**who understood** the power of numbers *and* wisely **created** new types of charts to educate people].

▶ who 이하의 선행사 a great scholar를 수식하는 주격 관계대명사절이다.

▶ 두 개의 동사구 understood ~ numbers와 wisely created ~ people이 접속사 and로 병렬 연결되었다.

04 [역사 | 대한민국의 발전] 북한 학생들은 어떻게 공부를 할까?   본문 p.60~63

교육부 지정 중학 필수 어휘
1 physical 2 service 3 politics 4 military 5 recognized 6 occupation 7 prime 8 prefer 9 outstanding

START READING!
1 and study hard to achieve their dreams 2 ②

KEEP READING!
1 ⑤ 2 ③ 3 ④ 4 (1) ③ (2) ① (3) ④

KEEP READING! 해설

1 지문에 가장 적절한 주제를 고르는 문제이다. 북한의 학생들이 고등학교 졸업 후 어떤 진로를 선택하는지 설명하는 글이므로 정답은 ⑤ 이다.
① 노동당에 가입하는 방법
② 북한의 힘든 군 복무
③ 고등학교에서 좋은 점수를 받는 방법
④ 북한에서의 시험의 중요성
⑤ 북한에서의 진로 고르기

2 과학에서 뛰어난 성적을 받은 학생들은 입학시험 없이 대학에 들어갈 수 있다는 내용이 나오고, 다른 학생들 또한 그들이 원한다면 대학이나 전문 대학에 들어갈 수 있다(Other students can ~ if they want to.)고 했으므로 정답은 ③이다.
① 노동당에 들어가는 것은 여러 가지 혜택을 준다.
② 북한에서는 모두가 군대에 갈[입대할] 수 있는 것은 아니다.
③ 선생님들에게 인정받은 학생들만이 대학에 간다.
④ 학생들은 그들의 배경에 근거하여 나라에서 직업을 받는다.
⑤ 높은 계층에 있는 사람들만이 더 좋은 일터로 옮길 수 있다.

3 주어진 문장은 '그러나 그들은 스스로 일을 찾을 필요가 없다.'라는 의미이다. ④의 앞에 대학이나 군대에 가지 않는 사람들은 직업을 얻

는다(They get an occupation.)는 내용이 나오고, ④의 뒤에 정부는 보통 그들의 사회적 배경에 근거하여 일을 준다(The government usually ~ their social background.)고 했으므로 주어진 문장이 들어가기에 가장 적절한 곳은 ④이다.

4 북한의 많은 학생들은 노동당에 가입하기 위해 군대에 들어가기를 원한다고 했으므로 (1)은 join이 적절하고 그것은 그들이 정치에서 높은 지위를 얻는 데 도와줄 수 있다고 설명하고 있으므로 (2)는 position이 알맞다. 다른 학생들은 자신의 사회적 배경을 기반으로 정부가 선택해주는 직업을 얻을 수 있다는 내용이 나오므로 (3)은 job이다.

> 대부분 북한 학생들은 노동당에 (1) 가입하기 위해 군대에 들어가기를 원한다. 그것은 그들이 정치에서 높은 (2) 지위를 얻을 수 있도록 도와줄 수 있다. 어떤 학생들은 좋은 점수와 태도가 있다면 더 공부하기 위해 대학이나 전문 대학에 갈 수 있다. 다른 학생들은 자신의 사회적 배경을 기반으로 정부가 선택해주는 (3) 직업을 가질 수 있다.

① 지위 ② 계층 ③ 가입하다 ④ 직업 ⑤ 배경

끊어서 읽기

¹ 북한의 대부분의 학생들은 / 군대에 가기를 원한다 /
Most of the students in North Korea / want to join the military /
to+동사원형 (~하는 것을)

고등학교 이후에. 그들은 노동당에 들어갈 수 있다 //
after high school. ² **They can join the Worker's Party // only after**

그들이 그들의 병역을 마친 후에만 / 군대에서.
they complete their service / in the military. ³ **One prime reason /**

노동당에 들어가는 한 가지 주된 이유는 / 사회적 혜택을 얻는 기회이다 /
to join the Worker's party / is the chance to get social benefits /
to+동사원형 (~하는)

미래에. 그들은 또한 더 높은 지위를 얻을 수 있다 / 정치나 행정부에서
in the future. ⁴ **They can also get a higher position / in politics or**

그들이 대학 학위를 가지고 있다면 / 병역을 마친 후에
administration // if they get a university degree / after completing

그들의 군대에서. 그것 때문에 / 많은 여성들은 결혼하는 것을
their service / in the army. ⁵ **Because of that, / many women prefer**

선호한다 / 군대에서 복무한 남자들과. 그런데 /
to marry / men who have served in the army. ⁶ **However, /**

모든 사람이 나라를 위해 봉사할 수 있는 것은 아니다. 그들은 먼저 통과해야 한다 /
not everyone can serve their country. ⁷ **They have to first pass /**

신체검사를.
a physical examination.

고등학교 이후에 / 어떤 학생들은 공부를 계속 한다 /
⁸ **After high school, / some students continue to study /**
to+동사원형 (~하는 것을)

대학이나 전문 대학에서. 과학에서 우수한 성적을 받은 학생들은
in universities and colleges. ⁹ **Students who have outstanding grades in**

/ 대학에 들어갈 수 있다 / 입학시험 없이.
science / can enter universities / without any entrance exams.

그들의 능력은 이미 인정받아 왔다 / 정부에 의해.
¹⁰ **Their abilities have already been recognized / by the government.**

다른 학생들은 또한 대학이나 전문 대학에 갈 수 있다 // 그들이
¹¹ **Other students can also go to universities and colleges // if they**

원한다면. 그러나 오직 ~한 사람들만이 / 좋은 성적과 좋은 행실을 가진 /
want to. ¹² **But only those / who have good grades and good behavior /**

입학시험을 볼 기회를 얻는다.
get a chance to take the entrance exam.
to+동사원형 (~할)

어휘 확인하기

military 군대의, 무력의; 군대

complete 끝마치다

service 서비스업, 서비스; 병역, 군복무

prime 주된, 주요한; 최고의

social 사회적인

benefit 혜택

position 위치, 지위

politics 정치

administration 행정부

degree 학위

prefer ~을 선호하다, (더) 좋아하다[원하다]

serve 복무하다

physical 육체의, 신체의

examination 검사

outstanding 뛰어난, 우수한

entrance exam 입학시험

ability 능력

recognize 인정하다; 인지하다, 알아보다

government 정부, 정권

behavior 행동, 행실

occupation 직업

workplace 직장, 일터

class (사회의) 계층

[선택지 어휘]

career path 진로

¹³ **What about those** / **who don't go to universities or the army?**
그 사람들은 어떤가 / *대학이나 군대를 가지 않는*

¹⁴ **They get an occupation.** ¹⁵ **However, they don't have to look for a job** /
그들은 직업을 얻는다. *그러나 그들은 일을 찾을 필요가 없다*

on their own. ¹⁶ **The government usually gives jobs** / **based on**
그들 스스로. *정부는 보통 일을 준다*

their social backgrounds. ¹⁷ **After they start working,** // **it is not easy** /
그들의 사회적 배경에 근거하여. *그들이 일을 시작한 후에는* *쉽지 않다*

to move or change their workplace. ¹⁸ **Only a person who is in a higher**
그들의 일터를 옮기거나 바꾸는 것이. (-ing <하는 것을>) *오직 더 높은 사회 계층에 있는 사람만이*

social class / **will have a good chance** / **to move to a better workplace.**
좋은 기회를 가질 것이다 *더 좋은 일터로 옮기는.* (to+동사원형 <~하는>)

해석 한눈에 보기

¹북한의 대부분의 학생들은 고등학교 후에 군대에 가고 싶어 한다. ²그들은 군대에서 병역을 마친 후에만 노동당에 들어갈 수 있다. ³노동당에 들어가는 한 가지 주된 이유는 미래에 사회적 혜택을 얻을 기회 때문이다. ⁴군 복무를 마친 후에 만약 대학 학위를 가진다면 그들은 또한 정치나 행정부에서 더 높은 지위를 얻을 수 있다. ⁵그것 때문에 많은 여성들은 군에서 복무한 남자들과 결혼하는 것을 선호한다. ⁶그런데 모든 사람이 나라를 위해 봉사할 수 있는 것은 아니다. ⁷그들은 먼저 신체검사를 통과해야 한다.
⁸고등학교 이후에 어떤 학생들은 대학이나 전문 대학에서 공부를 계속 한다. ⁹과학에서 우수한 성적을 받은 학생들은 입학시험 없이 대학에 들어갈 수 있다. ¹⁰그들의 능력은 정부에 의해 이미 인정받아 왔다. ¹¹다른 학생들 또한 그들이 원하면 대학과 전문 대학에 갈 수 있다. ¹²그러나 오직 좋은 성적과 좋은 행실을 가진 학생들만이 입학시험을 볼 기회를 얻는다.
¹³대학이나 군대에 가지 않는 학생들은 어떠한가? ¹⁴그들은 직업을 얻는다. ¹⁵그러나 그들은 스스로 일을 찾을 필요가 없다. ¹⁶정부는 보통 그들의 사회적 배경에 근거하여 일을 준다. ¹⁷그들이 일하기 시작한 후에는 일터를 옮기거나 바꾸는 것은 쉽지 않다. ¹⁸오직 더 높은 사회적 계층의 사람만이 더 좋은 일터로 옮기는 좋은 기회를 가질 것이다.

필수 구문 확인하기

³ *One prime reason* [**to join** the Worker's Party] is *the chance* [**to get** social benefits in the future].
              S   V
   ▶ to join과 to get은 각각 One prime reason과 the chance를 수식하는 형용사적 용법의 to부정사로 '~하는'으로 해석한다.

⁵ Because of that, many women prefer to marry *men* [**who** have served in the army].
   ▶ 주격 관계대명사 who가 이끄는 절이 선행사 men을 꾸며준다.

¹² But only *those* [**who** have good grades and good behavior] get *a chance* [**to take** the entrance exam].
                             S   V   O
   ▶ 주격 관계대명사 who가 이끄는 절 who ~ behavior가 주어인 those를 꾸미고 있어 주어가 길어졌다. 이때 those는 students 또는 people을 가리킨다.
   ▶ to take 이하는 a chance를 수식하는 형용사적 용법으로 쓰였다.

¹⁷ After they start working, **it** is not easy **to move or change** their workplace.
                      가주어   진주어
   ▶ it은 가주어, to move 이하가 진주어이다.

Chapter 10

01 [과학 | 기권과 우리 생활] 전쟁에서 고려해야 할 요소

본문 p.66~69

교육부 지정 중학 필수 어휘
1 strategy 2 factor 3 violent 4 conquered 5 predict 6 enemy 7 neglected 8 tide

START READING!
1 전략, 전술 2 If you were a general who was preparing

KEEP READING!
1 ③ 2 ④ 3 러시아의 매우 추운 날씨 4 ⓑ 5 (a)

KEEP READING! 해설

1 지문에 가장 적절한 주제를 고르는 문제이다. 자연이 전쟁에 어떻게 영향을 주었는지에 대한 글이므로 정답은 ③이다.
   ① 세계 역사를 바꾼 힘
   ② 전쟁에서 쓰인 흔한 전략
   ③ 자연이 전쟁에 어떻게 영향을 미치는가
   ④ 난중일기가 어떻게 역사적으로 사용되었는가
   ⑤ 과거 사람들이 날씨를 어떻게 예측했는가

2 1812년에 나폴레옹은 약 50만 명의 거대한 군대와 함께 프랑스를 떠났다(In 1812, he ~ about 500,000 men.)고 했으므로 ④는 일치하지 않는다.

3 러시아의 매우 추운 날씨 때문에, 그의 군인들은 대부분 동사했다(However, in the end, due to ~ froze to death.)고 했으므로 정답은 '러시아의 매우 추운 날씨'이다.

4 밑줄 친 문장은 '우리가 아는 세계 지도는 존재하지 않을 것이다.'라는 의미이다. 지문에서는 날씨가 어떻게 전쟁의 승패에 영향을 끼쳤는지에 대한 내용이 나오고 밑줄 친 문장 전에 만약 사람들의 날씨의 중요성에 대해 좀 더 일찍 알고 이해했었더라면 상황은 매우 다를 것이라는 내용이 나오므로, 밑줄 친 문장의 의미는 '전쟁의 승자가 달랐을 것이다'라는 의미의 ⓑ이다.
   ⓐ 오늘날의 세계 지도는 과거의 것과 매우 다르다.
   ⓑ 전쟁의 승자는 달랐을 것이다.
   ⓒ 종이 지도는 미래에 존재하지 않을 것이다.

5 본문의 neglected는 '무시하다'라는 뜻이다. 따라서 정답은 (a)이다.
   (a) 그녀는 경기 동안 자신의 코치의 충고를 무시했다. 결과적으로 그녀는 경기에서 졌다.
   (b) 나는 식물을 방치했다. 결과적으로 잎이 노란색으로 변했다.

끊어서 읽기

이순신 장군의 「난중일기」에 / 장군은 기록했다 //
¹ In the *War Diary of Admiral Yi Sun-shin*, / the admiral recorded //

날씨가 매일매일 어떻게 변하는지. 그는 알았다 //
how the weather changed from day to day. ² He knew // that
(~인 것을)

날씨를 이해하는 것이 / 적을 패배시키는 것만큼 중요하다는 것을.
understanding the weather / was as important as conquering the enemy.

명량 전투에서 / 그는 이용했다 // 바다의 흐름이 어떻게 바뀌는지를
³ In the Battle of Myeongnyang, / he used // how the currents in the sea

어휘 확인하기

conquer (다른 나라, 도시 등을)
정복하다; 이기다, 물리치다
enemy 적
battle 전투
current 흐름, 해류
strategy 전략, 전술
tide 조수, 조류
warship 군함

moved / 전투에서 이기기 위해. **to win battles.** ⁴ His strategies based on the currents of tides /
to+동사원형 (~하기 위해)
그의 조국을 지켰다 / 133척의 일본 군함에 맞서.
protected his country / against 133 Japanese warships.

세계의 역사에서 / 날씨는 매우 중요한 역할을 해 왔다 /
⁵ In world history, / weather has played a very important factor /

많은 전투에서. 5세기에 페르시아 전쟁 동안 /
in many battles. ⁶ During the Persian Wars in the 5th century, /

페르시아인들은 많은 군함과 사람을 잃었다 // 그들이 갇혔기 때문에 /
the Persians lost many warships and men // because they were caught /

심한 폭풍우에. 1270년에 루이 9세는 가장 더운 계절을 선택했다
in a violent storm. ⁷ In 1270, King Louis IX chose the hottest season

/ 아랍인을 공격하기 위해 / 북아프리카에 있는. 그러나 곧 / 그의 군대는
/ to attack the Arabs / in North Africa. ⁸ But soon, / his army was

질병으로 파괴되었다. 프랑스가 러시아를 침입했을 때 // 나폴레옹은 실패했다
destroyed by disease. ⁹ When France invaded Russia, // Napoleon

// 왜냐하면 그는 날씨 상태를 무시했기 때문에 / 러시아의.
failed // because he neglected the weather conditions / in Russia.

1812년에 / 그는 거대한 군대와 프랑스를 떠났다 /
¹⁰ In 1812, / he left France with an enormous army, / about

약 50만 명의. 그런데 결국 / 러시아의 매우 추운 날씨 때문에
500,000 men. ¹¹ However, in the end, / due to the freezing weather

/ 그의 군인 대부분은 동사했다. 나폴레옹은
in Russia, / most of his soldiers froze to death. ¹² Napoleon

프랑스로 돌아왔다 / 단지 만 명의 군인들과 함께.
returned to France / with only 10,000 soldiers.

당신이 볼 수 있듯이 // 날씨는 크게 영향을 미쳤다 / 많은 전쟁에.
¹³ As you can see, // weather greatly affected / many wars.

더 쉬워졌다 / 이제 날씨를 예측하는 것이 / 과거와 비교하여.
¹⁴ It has become easier / to predict the weather now / compared to

만약 사람들이 알고 이해했더라면 /
the past. ¹⁵ If people had known and understood / the importance

날씨의 중요성을 좀 더 일찍 // 상황은 매우 다를 것이다. 우리가 아는 세계 지도는
of weather sooner, // things might be very different. ¹⁶ The world map

/ 존재하지 않았을 것이다.
we know / would not exist.

factor 요인, 요소
violent 폭력적인, 난폭한;
격렬한, 맹렬한
attack 공격하다
army 군대
destroy 파괴하다
disease 병, 질병
invade 침입하다, 침략하다
neglect 방치하다; 무시하다,
간과하다
condition 상태
enormous 막대한, 거대한
due to ~때문에
freezing 몹시 추운
freeze to death 얼어 죽다
affect 영향을 끼치다
predict 예측하다, 예견하다
compared to ~와 비교하여
exist 존재하다

[선택지 어휘]
tragic 비극적인
general 장군

해석 한눈에 보기

¹이순신 장군의 「난중일기」에서, 장군은 날씨가 매일매일 어떻게 변하는지를 기록했다. ²그는 날씨를 이해하는 것이 적을 패배시키는 것만큼 중요하다는 것을 알았다. ³명량 전투에서, 그는 바다의 흐름 변화를 전투에서 승리하기 위해 이용했다. ⁴조류에 근거한 그의 전략은 자신의 조국을 133척의 일본 군함에 맞서 지켰다.

⁵세계의 역사에서 날씨는 많은 전투에서 매우 중요한 역할을 해 왔다. ⁶5세기의 페르시아 전쟁 동안, 페르시아인들은 심한 폭풍우에 갇혀 많은 군함과 사람들을 잃었다. ⁷1270년에 루이 9세는 북아프리카의 아랍인들을 공격하기 위해 가장 더운 계절을 골랐다. ⁸그러나 곧 그의 군대는 질병에 의해 파괴되었다. ⁹프랑스가 러시아를 침략했을 때, 나폴레옹은 러시아의 날씨 상태를 무시했기 때문에 실패했다. ¹⁰1812년에 그는 약 50만 명의 거대한 군대와 함께 프랑스를 떠났다. ¹¹그런데 결국, 러시아의 매우 추운 날씨 때문에 그의 군인 대부분이 동사했다. ¹²나폴레옹은 단지 만 명의 군인과 함께 프랑스로 돌아왔다.

¹³당신이 볼 수 있듯이, 날씨는 많은 전쟁에 크게 영향을 미쳤다. ¹⁴지금은 과거와 비교하여 날씨를 예측하는 것이 더 쉬워졌다. ¹⁵만약 사람들이 날씨의 중요성을 좀 더 일찍 알고 이해했더라면, 상황은 매우 다를 것이다. ¹⁶우리가 아는 세계 지도는 아마 존재하지 않았을 것이다.

1 In the *War Diary of Admiral Yi Sun-shin*, the admiral recorded **how the weather changed from day to day**.

▶ how ~ to day는 문장의 목적어 역할을 하는 명사절로, 「의문사+주어+동사」의 어순의 간접의문문이다.

2 He **knew that** <u>understanding the weather</u> <u>was</u> as important as conquering the enemy.
                                    S'   V'

▶ that은 명사절을 이끄는 접속사로 that 이하는 동사 knew의 목적어이다.

▶ understanding the weather는 that절의 주어로 쓰인 동명사구이고, 동명사구 주어는 단수 취급하므로 단수 동사 was가 쓰였다.

4 *His strategies* [**based** on currents of tides] protected his country against 133 Japanese warships.

▶ based on currents of tides는 His strategies를 수식하는 과거분사구이다.

15 If people **had known** and understood the importance of weather sooner, things **might be** very different.

▶ 「If+주어+had p.p., 주어+조동사의 과거형+동사원형」의 형태로 혼합가정법 문장이다. 과거의 일이 현재에도 영향을 미치는 가정을 나타내는 것으로 '(과거에) ~했었다면, (지금) ~할 텐데'의 의미이다.

02   [사회 | 환경 문제와 지속 가능한 환경] 열대우림   본문 p.70~73

교육부 지정 중학 필수 어휘
1 hid **2** alternative **3** liquid **4** wound **5** obtained **6** replaced **7** relieve

START READING!

1 얻다, 구하다 **2** (1) T (2) T (3) F

KEEP READING!

1 ④ **2** ② **3** ② **4** (a) ④ (b) ② (c) ① (d) ③

KEEP READING! 해설

1 지문에 가장 적절한 주제를 고르는 문제이다. 열대우림이 우리에게 주는 여러 가지 혜택을 이야기하며 열대우림의 중요성을 설명하는 글이므로 정답은 ④이다.
  ① 열대우림을 보호하는 방법
  ② 열대우림에서 약을 얻는 방법
  ③ 열대우림에 있는 새로운 식물
  ④ 열대우림의 중요성
  ⑤ 열대우림에 있는 다양한 종류의 동식물

2 만약 당신이 열대우림 없이도 우리는 충분한 식량을 얻는다고 생각한다면, 당신은 다시 생각해야 한다(If you think ~ should think again.)고 했으므로 ②는 일치하지 않는다.

3 빈칸이 포함된 문장에서, 수 세기 동안 사람들은 어떠한 목적으로 나무와 꽃을 사용해 왔다(For centuries, people ~ purposes.)는 내용이 나오고, 뒤로는 사람들은 상처를 위한 약이나 가벼운 고통을 완화하는 약으로 식물을 사용해 왔다는 내용과 오늘날의 과학자들도 심각한 병의 약을 만들기 위해 식물을 사용한다는 내용이 이어지므로 정답은 ②이다.
  ① 예술의   ② 의학의   ③ 가르칠   ④ 관광의   ⑤ 개인적인

4 열대우림은 우리에게 필수적임을 알 수 있는 글이므로 (a)에는 essential이 적절하며, 열대우림은 자연재해로부터 우리를 보호해준다고 했으므로 (b)는 guard가 알맞다. 우리는 열대우림으로부터 많은 자원을 얻을 수 있다는 내용이 나오므로 (c)는 resources가 적절하며, 그리고 우리는 음식과 약으로 사용할 수 있는 많은 것들을 열대우림에서 받을 수 있다고 했으므로 (d)에는 medicine이 알맞다.

열대우림은 ~이기 때문에 우리에게 (a) 필수적이다:
(1) 그들은 우리를 자연재해로부터 (b) 보호한다.
(2) 우리는 그들에게서 많은 (c) 자원을 얻을 수 있다.
(3) 그들은 우리에게 음식과 (d) 약으로 사용할 수 있는 많은 것들을 제공한다.

① 자원   ② 보호하다   ③ 약   ④ 필수적인   ⑤ 포함하다

끊어서 읽기

열대우림은 집이다 / 많은 식물과 동물에게. 그것은 심지어
¹ Rainforests are home / to many plants and animals. ² They even

우리를 보호한다 / 홍수와 가뭄으로부터 / 그리고 세계 기후의 균형을 유지한다.
protect us / from floods and droughts / and balance the world's

그것은 또한 많은 자원을 포함한다. 예를 들어 /
climate. ³ They also contain a lot of resources. ⁴ For example, /

열대우림에 있는 고무나무는 / 액체 고무를 제공한다, // 그리고 많은 부족들은
the rubber trees in rainforests / provide liquid rubber, // and many tribal

그것으로 생계를 꾸린다. 열대우림은 또한 매우 좋은 원천이다 /
people make a living from it. ⁵ Rainforests are also a great source /

식량과 약의.
of food and medicine.

우리는 열대우림으로부터 많은 것을 얻는다, / 바나나, 커피, 차, 초콜릿, 그리고 훨씬
⁶ We obtain many things from rainforests, / including bananas, coffee,

더 많은 것을 포함하여. 만약 당신이 생각한다면 // 우리가 충분한 식량을
tea, chocolate, and much more. ⁷ If you think //ₐwe have enough
                                                      that

갖는다고 / 열대우림 없이 // 당신은 다시 생각해야 한다. 1970년에
food / without rainforests, // you should think again. ⁸ In 1970,

한 질병이 옥수수의 절반을 죽였다 / 미국에서. 과학자들은 찾아야 했다
a disease killed half the corn / in the United States. ⁹ Scientists had to

/ 그것을 대신할 대안이 되는 식물을. 1987년에 그들은
find / an alternative plant to replace it. ¹⁰ In 1987, they discovered
                            to+동사원형 〈~할〉
새로운 옥수수 식물을 발견했다 / 멕시코의 열대우림에서.
a new corn plant / in Mexican rainforests.

수 세기 동안 / 사람들은 나무와 꽃을 사용해 왔다 / 의학 목적으로.
¹¹ For centuries, / people have used trees and flowers / for medical

그들은 식물을 잘 사용해 왔다 / 상처를 위한 약으로
purposes. ¹² They have made good use of plants / as medicine for wounds /

그리고 작은 통증을 완화하는 방법으로. 오늘날 과학자들은 식물을 사용하기까지 한다 /
and ways to relieve small pains. ¹³ Scientists today even use plants /
                to+동사원형 〈~하는〉
심각한 병을 위한 약을 만들기 위해. 예를 들어 / 잎은
to make medicines for serious diseases. ¹⁴ For example, / leaves of
to+동사원형 〈~하기 위해〉
마다가스카르에서 나온 꽃잎은 / 백혈병을 위한 약을 만드는 데 사용된다.
a flower from Madagascar / are used to make medicine

많은 다른 약이 여전히 숨겨져 있다 / 열대우림에.
for leukemia. ¹⁵ Many other medicines are still hidden / in rainforests.

그것들은 기다리고 있다 / 발견되기를. 열대우림은 우리에게 소중하다 /
¹⁶ They are waiting / to be discovered. ¹⁷ Rainforests are valuable to us /

어휘 확인하기

rainforest 열대우림
flood 홍수
drought 가뭄
balance 균형을 유지하다
climate 기후
contain 포함하다 (= include)
resource 자원
rubber 고무
provide 주다, 제공하다
liquid 액체; 액체 형태의, 액상의
tribal 종족의, 부족의
make a living 생계를 꾸리다
source 원천
medicine 약, 약물
obtain 얻다, 구하다
disease 병, 질병
alternative 대안, 양자택일;
대안이 되는, 대안적인
replace 대신하다, 대체하다
discover 발견하다
medical 의학의
purpose 목적
make use of ~을 활용하다
wound 상처, 부상; 상처를
입히다
relieve (고통 등을) 덜어주다,
완화하다
pain 고통, 아픔
serious (정도가) 심각한
hide 숨다, 잠복하다; 숨은 장소,
은신처
valuable 소중한

[선택지 어휘]
artistic 예술적인

아주 많은 면에서.   미래를 상상할 수 있는가   /   그것이 없는?
in so many ways. ¹⁸ Can you imagine a future / without them?

해석 한눈에 보기

¹열대우림은 많은 동식물들에게 집이다. ²그것은 심지어 홍수와 가뭄으로부터 우리를 보호하고 세계 기후의 균형을 유지한다. ³그것은 또한 많은 자원을 갖고 있다. ⁴예를 들어 열대우림의 고무나무는 액체 고무를 제공하고, 많은 부족들은 그것으로 생계를 꾸린다. ⁵열대우림은 또한 식량과 약의 매우 좋은 원천이다.
⁶우리는 바나나, 커피, 차, 초콜릿 그리고 훨씬 더 많은 것을 포함하여 열대우림에서 많은 것을 얻는다. ⁷만약 당신이 열대우림 없이도 우리는 충분한 음식을 갖는다고 생각한다면, 당신은 다시 생각해야 한다. ⁸1970년에 한 질병이 미국의 옥수수의 반을 죽였다. ⁹과학자들은 그것을 대체할 대안이 되는 식물을 찾아야 했다. ¹⁰1987년에 그들은 멕시코의 열대우림에서 새로운 옥수수 식물을 발견했다.
¹¹수 세기 동안 사람들은 나무와 꽃을 의학 목적으로 사용해 왔다. ¹²사람들은 상처를 치료하고 자잘한 통증을 완화하는 방법으로 식물을 잘 사용해 왔다. ¹³오늘날 과학자들은 식물을 심각한 질병을 고치기 위한 약으로 만들기 위해 사용하기까지 한다. ¹⁴예를 들어, 마다가스카르의 꽃잎은 백혈병을 치료하는 약을 만드는 데 사용된다. ¹⁵다른 많은 약이 여전히 열대우림에 숨겨져 있다. ¹⁶그것들은 발견되기를 기다리고 있다. ¹⁷열대우림은 우리에게 여러 가지 면에서 소중하다. ¹⁸당신은 그것이 없는 미래를 상상할 수 있겠는가?

필수 구문 확인하기

⁷ If you think (that) we have enough food without rainforests, you should think again.
    S'   V'   O'

▶ we have ~ rainforests는 think의 목적어로, we 앞에는 명사절을 이끄는 접속사 that이 생략되었다.

¹² They have made good use of plants **as** medicine for wounds *and* ways [**to relieve** small pains].

▶ 전치사 as의 목적어인 medicine과 ways가 and로 병렬 연결되어 있다. to relieve 이하는 ways를 수식하는 형용사적 용법의 to부정사구이다.

---

03 [역사 | 산업 사회와 국민 국가의 형성] 링컨과 노예제도   본문 p.74~77

교육부 지정 중학 필수 어휘
1 government 2 import 3 decision 4 president 5 announced 6 free 7 harbor 8 attacked 9 exports

START READING!
1 (A) ④ (B) ① 2 (1) F (2) F (3) T

KEEP READING!
1 ④ 2 ② 3 ⑤ 4 E-C-A-D-B

KEEP READING! 해설

1 지문에 가장 적절한 제목을 고르는 문제이다. 미국의 남북 전쟁과 노예제도의 폐지에 대한 내용이므로 정답은 ④이다.
  ① 미국 노예제도의 시작
  ② 남북 전쟁에 미친 노예제도의 영향
  ③ 남북 전쟁의 결과
  ④ 남북 전쟁과 노예제도의 폐지
  ⑤ 자신의 국민들을 사랑한 대통령

2 남부는 면직물 수출을 하고 전쟁 물품을 수입했다(So, the South ~ the North)고 했으므로 정답은 ②이다.

3 주어진 문장은 '그 기념식에서, 링컨은 자신의 유명한 구절을 말했다.'라는 의미이다. ⑤의 앞에 게티즈버그에 국립묘지가 만들어졌다는 내용이 있는데, 주어진 문장의 the ceremony가 가리키는 것이 게티즈버그 국립묘지 기념 행사이고, 이어서 그가 말했던 구절이 나오므로 정답은 ⑤이다.

4 시간의 순서에 따라 보기의 A~E를 나열하면 E-C-A-D-B이다.

E. 남부는 많은 돈을 벌기 위해 노예제도를 유지하기를 원했다.
C. 남부는 북부와의 전쟁에 준비하려고 전쟁 물품을 수입했다.
A. 다른 국가들의 지지로 링컨은 노예의 자유를 선언했다.
D. 북부는 남부에 대항해 게티즈버그 전투에서 이겼다.
B. 후에 국립 공동묘지는 군인들을 기리기 위해 만들어졌다.

끊어서 읽기

남부의 일곱 개 주는 단체를 만들었다 /
¹ The seven states of the South formed an organization / and tried to

그리고 그들 스스로 새로운 국가를 만들려고 했다.　　　　　남부는 노예를 유지하기를 원했다 //
make a new nation by themselves. ² The South wanted to keep slaves //

그들이 거대한 면직물 농장을 가지고 있었기 때문에 / 그리고 많은 돈을 벌고 있었기 (때문에).
because they had huge cotton plantations / and were making a lot of

하지만, 미국 정부는 노예제도를 원하지 않았다.
money. ³ However, the American government didn't want slavery.

그래서, 남부는 유럽으로 면직물을 수출했다 / 그리고 전쟁 물품을 수입했다 /
⁴ So, the South exported cotton to Europe / and imported war supplies /

북부와의 전쟁을 준비하기 위해서.　　　　1861년 /　　남부는
to prepare for a war against the North. ⁵ In 1861, / the South attacked
to+동사원형 (~하기 위해)
사우스캐롤라이나에 있는 섬터 요새를 공격했다 //　　　그리고 미국 남북 전쟁이 시작됐다.
Fort Sumter in South Carolina, // and the American Civil War began.

전쟁 후반에 /　　　북부가 모든 남부의 항구를 봉쇄했을 때 //
⁶ Later on in the war, / when the North blocked all southern harbors, //

남부는 더 이상의 물품을 얻을 수 없었다.
the South could not get any more supplies for themselves.

1863년 1월 /　　　링컨 대통령은 노예 해방을 선언했다.
⁷ In January of 1863, / President Lincoln announced the freedom of

많은 유럽 국가들은 지지했다 /
the slaves. ⁸ Many European countries supported / Lincoln's decision

노예를 해방하는 링컨의 결정에, 또한. 같은 해에 / 게티즈버그 전투가 일어났다
to free the slaves, too. ⁹ In the same year, / the Battle of Gettysburg

//　　　그리고 북부가 남부를 이겼다. 4개월 후에
happened, // and the North won against the South. ¹⁰ Four months

later, / the National Cemetery was made at Gettysburg / to honor
국립 공동묘지가 게티즈버그에 만들어졌다
to+동사원형 (~하기 위해)
전사한 군인들을 기리기 위해. 그 기념식에서 / 링컨은 자신의 유명한 구절을 말했다.
the fallen soldiers. ¹¹ At the ceremony, / Lincoln said his famous line.

"이 나라는 정부를 가질 것입니다 / 국민의 /
¹² "This nation will have a government / that is of the people, /

국민에 의한 / 그리고 국민을 위한. 이 나라는 결코 사라지지 않을 것입니다 /
by the people, / and for the people. ¹³ This nation will never disappear /

지구상에서." 비록 북부와 남부가 오랫동안 싸웠지만
from the earth." ¹⁴ Even though the North and the South fought

/ 전쟁 후에 // 미국은 함께 남았다 /
for a long time / after the war, // the United States had stayed together /

그리고 노예제도를 폐지했다.
and ended slavery.

어휘 확인하기

state 주(州)
form 만들다
organization 조직, 단체
slave 노예
huge 거대한
cotton 면직물
plantation 대규모 농원, 대농장
government 정부, 정권
slavery 노예제도
export 수출하다; 수출; 수출품
import 수입하다; 수입; 수입품
war supply 전쟁 물품
attack 공격하다, 습격하다; 폭행, 공격
harbor 항구, 항만
president 대통령; 회장
announce 발표하다, 알리다
freedom 자유
support 지지하다
decision 결정, 판단
free 자유로운; 석방하다, 풀어주다
battle 전투
cemetery 공동묘지
honor 예우하다, 기리다
fallen (병사가) 전사한
ceremony 식, 의식

해석 한눈에 보기

¹남부의 일곱 개 주는 단체를 만들었고 그들 스스로 새로운 국가를 만들려고 했다. ²남부는 거대한 면직물 농장을 가지고 있었고 많은 돈을 벌고 있었기 때문에 노예를 유지하기를 원했다. ³하지만, 미국 정부는 노예제도를 원하지 않았다. ⁴그래서 남부는 북부와의 전쟁을 준비하기 위해 유럽으로 면직물을 수출했고 전쟁 물품을 수입했다. ⁵1861년, 남부는 사우스캐롤라이나에 있는 섬터 요새를 공격했고 미국 남북 전쟁이 시작됐다. ⁶전쟁 후반에, 북부가 남부의 모든 항구를 봉쇄했을 때, 남부는 더 이상 물품을 얻을 수 없었다.

⁷1863년 1월, 링컨 대통령은 노예 해방을 선언했다. ⁸많은 유럽 국가들도 노예를 해방하는 링컨의 결정을 지지했다. ⁹같은 해에, 게티즈버그 전투가 일어났고, 북부가 남부를 이겼다. ¹⁰4개월 후에 전사한 군인들을 기리기 위해 게티즈버그에 국립 공동묘지가 만들어졌다. ¹¹그 기념식에서 링컨은 자신의 유명한 구절을 말했다. ¹²"이 나라는 국민의, 국민에 의한, 국민을 위한 정부를 가질 것입니다. ¹³이 나라는 지구상에서 결코 사라지지 않을 것입니다." ¹⁴비록 북부와 남부는 전쟁 후에 오랫동안 싸웠지만, 미국은 함께 남았으며 노예제도를 폐지했다.

필수 구문 확인하기

¹²This nation will have *a government* [that is of the people, by the people, **and** for the people].

▸ that 이하는 a government를 수식하는 주격 관계대명사절이다. 관계대명사절에는 세 개의 전치사구가 and로 병렬 연결되어 있다.

---

04 [수학 | 입체 도형] 수학자들의 묘비

본문 p.78~81

교육부 지정 중학 필수 어휘
1 carved 2 disturb 3 admire 4 diverse 5 buried 6 general 7 alive 8 yelled 9 captured

START READING!

1 ① 2 (1) T (2) F (3) T

KEEP READING!

1 ⑤ 2 ④ 3 ② 4 (a) 5 disturb

KEEP READING! 해설

1 지문에 가장 적절한 주제를 고르는 문제이다. 위대한 수학자 아르키메데스의 죽음과 그의 묘비에 얽힌 내용이므로 정답은 ⑤이다.
   ① 아르키메데스를 죽인 장군
   ② 아르키메데스의 위대한 발견들
   ③ 아르키메데스의 연구와 죽음
   ④ 아르키메데스의 독특한 묘비
   ⑤ 아르키메데스의 죽음과 묘비

2 아르키메데스를 존경한 사람은 마커스 장군(He admired Archimedes for his great work.)이므로 정답은 ④이다.

3 ⓑ는 아르키메데스(Archimedes)를 뜻하고 나머지는 마커스 장군을 뜻하므로 정답은 ②이다.

4 본문의 General과 같은 의미로 쓰인 것을 고르는 문제이다. 본문의 General은 '장군'이라는 의미로 쓰였으므로 정답은 (a)이다.
   (a) 그 장군은 군대에 전쟁 준비를 하라고 명령했다.
   (b) 일반 대중들은 새로운 법안에 반대했다.

5 '무언가를 망치거나 무질서를 초래하는 것'이라는 의미이므로 정답은 disturb(흐트러뜨리다)이다.

끊어서 읽기

아르키메데스에 대한 많은 이야기가 있다   그러나 아마도
¹There are many stories about Archimedes, // but perhaps the story

그의 죽음에 대한 이야기가 /   가장 흥미롭다.   어느 날 /   마커스 장군의
about his death / is the most interesting. ²One day, / Roman forces

어휘 확인하기

force 무장 병력, 부대
general 보통의, 일반적인; 장군
capture 포로로 잡다; 함락시키다

under General Marcus / captured the city of Syracuse in Sicily.

3 At the time, / Archimedes was doing a diverse range of things / for the

city. 4 General Marcus knew about this. 5 So, he told one of his soldiers, //

"Bring Archimedes to me," // and the soldier left / to find Archimedes.

6 Archimedes was drawing circles in the sand / for his research /

at the time. 7 When the soldier saw him, // he stopped him.

8 The soldier ordered Archimedes to go / to see General Marcus /

right away. 9 Archimedes said // that he had to finish his diagrams first /

and refused. 10 When the Roman soldier tried / to get closer to him, //

Archimedes yelled, // "Do not disturb my circles!" 11 The soldier was

very angry about this / and killed Archimedes.

12 When General Marcus heard about his death, // he was angry //

because his order was / to bring Archimedes to him alive / without

any harm. 13 He admired Archimedes / for his great work.

14 So, he buried him in a tomb / and ordered his men / to carve

Archimedes' greatest work / on the tombstone. 15 His tombstone was

carved with his discovery // just as Archimedes had wished.

diverse 다양한
range 범위
research 연구
refuse 거절하다, 거부하다
yell 소리치다, 외치다
disturb 방해하다, 교란하다;
흐트러뜨리다
alive 살아 있는
without ~없이
harm 해
admire 존경하다, 칭찬하다
bury 묻다, 매장하다
tomb 무덤
carve 조각하다; (글씨를) 새기다,
파다
discovery 발견

[선택지 어휘]
disorder 무질서

해석 한눈에 보기

1 아르키메데스에 대한 많은 이야기가 있지만 아마도 그의 죽음에 대한 이야기가 가장 흥미롭다. 2 어느 날, 마커스 장군의 로마군이 시칠리아의 시라쿠사 시를 함락시켰다. 3 그때, 아르키메데스는 그 도시를 위해 많은 일을 하고 있었다. 4 마커스 장군은 이것에 대해 알았다. 5 그래서 그는 자신의 군인 중 한 명에게 "아르키메데스를 나에게 데려오라."라고 말했고, 군인은 아르키메데스를 찾기 위해 떠났다. 6 아르키메데스는 그때 자신의 연구를 위해 모래에 원을 그리고 있었다. 7 군인이 그를 보았을 때, 그는 아르키메데스를 멈췄다. 8 군인은 아르키메데스에게 즉시 마커스 장군을 보러 갈 것을 명령했다. 9 아르키메데스는 자신의 도표를 먼저 끝내야 한다고 말했고 거부했다. 10 로마군이 그에게 더 가까이 가려고 시도했을 때, 아르키메데스는 소리쳤다. "내 원들을 흐트러뜨리지 마시오!" 11 군인은 이것에 매우 화가 나서 아르키메데스를 죽였다.
12 마커스 장군의 명령은 아르키메데스를 어떤 해도 입히지 않고 산 채로 데려오는 것이었기 때문에 그의 죽음에 대해 들었을 때 마커스 장군은 화가 났다. 13 그는 아르키메데스의 위대한 업적 때문에 그를 존경했다. 14 그래서 그는 아르키메데스를 무덤에 묻고, 자신의 부하들에게 아르키메데스의 가장 위대한 업적을 묘비에 새기라고 명령했다. 15 그의 무덤은 아르키메데스가 바랐던 대로 자신의 발견들로 새겨졌다.

8 The soldier **ordered** Archimedes to go **to see** General Marcus right away.
            V   O   C

   ▶ 「order+목적어+to+동사원형」은 '~에게 …할 것을 명령하다'라는 뜻이다.

   ▶ to see는 '~하기 위해'라는 뜻으로 부사적 용법의 to부정사이다.

9 Archimedes said that he had to finish his diagrams first *and* refused.
            V₁   O   V₂

   ▶ that ~ first는 동사 said의 목적어 역할을 하는 명사절이다. said와 refused가 and로 병렬 연결되어 있다.

12 ~, he was angry because his order was **to bring** Archimedes to him alive without any harm.
                             S'   V'   C'

   ▶ to bring은 '데려오는 것'이라는 의미로 쓰인 명사적 용법의 to부정사로, to bring 이하는 because가 이끄는 종속절의 보어 역할을 한다.

Chapter 11

01 [국어 | 함께 나누는 문학] 꽃들에게 희망을

본문 p.84~87

교육부 지정 중학 필수 어휘
1 conflict 2 chased 3 declined 4 distracted 5 glow 6 destiny 7 belongs 8 brilliant

START READING!
1 ③ 2 it wasn't easy to climb up

KEEP READING!
1 ⑤ 2 ③ 3 ③ 4 ⑤ 5 (a)

KEEP READING! 해설

1 지문에 가장 적절한 제목을 고르는 문제이다. 여정을 함께하던 두 애벌레가 끝내 나비가 되는 이야기이므로 정답은 ⑤이다.
   ① 줄무늬 애벌레와 노랑 애벌레의 사랑 이야기
   ② 나비가 되는 과정들
   ③ 나비가 되기 위한 노력
   ④ 애벌레들의 다른 두 종류
   ⑤ 두 애벌레의 여정

2 노랑 애벌레가 늙은 애벌레를 쫓아가서 도움을 제안했지만, 그는 거절했다(She chased after ~ but he refused.)고 했으므로 정답은 ③이다.
   ① 줄무늬 애벌레는 노랑 애벌레와 함께 기둥을 올라가고 싶어 했다.
   ② 노랑 애벌레는 줄무늬 애벌레와 함께 기둥으로 돌아가고 싶지 않았다.
   ③ 노랑 애벌레는 늙은 애벌레가 나비가 되는 것을 도와주었다.
   ④ 줄무늬 애벌레는 기둥의 꼭대기에서 아무것도 찾지 못했다.
   ⑤ 노랑 애벌레는 줄무늬 애벌레보다 먼저 나비가 됐다.

3 지문을 가장 잘 나타낸 단어를 고르는 문제이다. 애벌레들이 고치에서 나비가 되면서 새로운 삶을 시작한다는 내용이므로 '희망적인'을 뜻하는 ③이 정답이다.
   ① 생기 넘치는   ② 우울한   ③ 희망적인   ④ 지루한   ⑤ 속상하게 하는

4 이후에 줄무늬 애벌레에게 어떤 일이 일어날지에 대해 묻는 문제이다. 그는 자신의 고치를 만들고 애벌레인 것을 포기했다(Soon, he made ~ being a caterpillar.)고 했으며 줄무늬 애벌레 역시 노랑 애벌레처럼 나비가 될 것을 알 수 있으므로 정답은 ⑤이다.
   ① 그는 기둥의 꼭대기로 돌아갈 것이다.
   ② 그는 늙은 애벌레를 만날 것이다.
   ③ 그는 노랑 애벌레와 다시 먹고 기어 다닐 것이다.
   ④ 그는 노랑 애벌레를 찾아다닐 것이다.
   ⑤ 그는 나비가 될 것이다.

5 본문의 declined와 같은 의미로 쓰인 문장을 고르는 문제이다. 본문의 declined는 '거절했다'라는 뜻이므로 정답은 (a)이다.
   (a) 그녀는 파티 초대를 거절했다. 그녀는 다음 날 시험이 있다고 말했다.
   (b) 공원 방문객 수가 줄어들었다. 20퍼센트로 줄어들었다.

줄무늬 애벌레와 노랑 애벌레는 서로 사랑했다. 그들은 먹고 기었다 / 그리고 심지어
¹ Stripe and Yellow loved each other. ² They ate, crawled, / and even

함께 낮잠을 잤다. 그들은 점점 더 커졌다 / 날마다.
took a nap together. ³ They got bigger and bigger / day by day.

그들은 행복했다 // 왜냐하면 그들은 전혀 갈등이 없었다 아무와도.
⁴ They were happy // because they had no conflict / with anybody.

그런데 줄무늬 애벌레는 곧 궁금해지기 시작했다 / 기둥의 꼭대기에 무엇이 있는지
⁵ However, Stripe soon started to wonder / what was on top of the
　　　　　　　　to+동사원형 (~하는 것을)

/ 다시. 그는 노랑 애벌레에게 요청했다 / 그와 함께 거기 다시 갈 것을 //
pillar / again. ⁶ He asked Yellow / to go back there with him, //

그러나 그녀는 거절했다. 줄무늬 애벌레는 노랑 애벌레를 떠났다 / 그리고 다시 기둥을 향해 갔다.
but she declined. ⁷ Stripe left Yellow / and headed for the pillar again.

노랑 애벌레는 외로웠다 / 그리고 돌아다니기 시작했다. 그때, 그녀는 늙은 애벌레를 만났다.
⁸ Yellow was lonely / and began to wander. ⁹ Then, she met an old

그녀는 그를 뒤쫓아 가서 도움을 제안했다, // 그러나 그는
caterpillar. ¹⁰ She chased after him and offered to help him, // but he

거절했다. 그는 말했다 // 그는 준비를 하고 있었다고 / 모든 것을 포기할 /
refused. ¹¹ He said // he was getting ready / to give up everything /

그리고 새로운 삶을 시작할 / 나비로서. 노랑 애벌레도 나비가 되기로 결심했다.
and begin a new life / as a butterfly. ¹² Yellow decided to become
　　　　　　　　　　　　　　　　　　　to+동사원형 (~하는 것을)

그래서 그녀는 자신을 덮기 시작했다 / 명주실로.
a butterfly, too. ¹³ So, she began to cover herself / with silky threads.
　　　　　　　　　　to+동사원형 (~하는 것을)

그녀는 두려웠다 // 하지만 아무것도 그녀를 방해할 수 없었다 / 잠드는 것으로부터 /
¹⁴ She was afraid, // but nothing could distract her / from falling asleep /

그녀의 고치 안에서.
inside her cocoon.

그동안에 / 줄무늬 애벌레는 힘든 시간을 보냈다 / 그의 길을 가느라 / 꼭대기로.
¹⁵ In the meantime, / Stripe had a hard time / making his way / to the top.

그가 거기 도달했을 때 // 그는 알았다 // 거기에 아무것도 없다는 것을.
¹⁶ When he reached it, // he learned // there was nothing there.

그래서 그는 포기했다 / 그리고 아래로 다시 내려왔다. 그가 마침내 내려왔을 때
¹⁷ So, he gave up / and climbed back down. ¹⁸ When he was finally

// 그는 잠이 들었다. 그가 깨어났을 때 // 그는 빛을 보았다 /
down, // he fell asleep. ¹⁹ When he woke up, // he saw the glow /

아주 밝은 노란 나비의. 그녀는 그에게 말하고 있었다 // 그러나 그는 이해할 수 없었다.
of a brilliant yellow butterfly. ²⁰ She was talking to him, // but he couldn't

나비는 그에게 보여 주었다 / 빈 고치로 가는 길을 /
understand. ²¹ The butterfly showed him / the way to the empty cocoon /

한때 그녀의 것이었던. 줄무늬 애벌레는 그것을 보자마자 // 자신의 운명을 이해했다.
which once belonged to her. ²² As soon as Stripe saw it, // he understood

곧 그는 자신의 고치를 만들었다 / 그리고 애벌레인 것을 포기했다.
his destiny. ²³ Soon, he made his own cocoon / and gave up being
　　　　　　　　　　　　　　　　　-ing (~하는 것을)

그것은 그에게 끝이 아니었다. 그것은 새로운 시작이었다.
a caterpillar. ²⁴ It was not the end for him. ²⁵ It was a new beginning.

stripe 줄무늬

crawl 기다, 기어가다

take a nap 낮잠을 자다

conflict 갈등, 충돌; 대립하다, 충돌하다

wonder 궁금해하다

pillar 기둥

decline 감소, 하락; 줄어들다; 거절하다, 사양하다

head (특정 지점으로) 가다, 향하다

wander 돌아다니다, 헤매다

caterpillar 애벌레

chase 뒤쫓다, 따라다니다; 추격

offer 제안하다

give up 포기하다

silky 명주의

thread 실

distract 집중이 안 되게 하다, 산만하게 하다

meantime 그동안, 중간 시간

make one's way 가다, 나아가다

reach 도달하다

glow 빛나다; (불꽃 없는 은은한) 빛

brilliant 훌륭한, 멋진; 아주 밝은, 눈부신

belong 제자리에 있다

belong to A A에 속하다, A의 소유물이다

as soon as ~하자마자

destiny 운명

[선택지 어휘]

journey 여정

upsetting 속상하게 하는

해석 한눈에 보기

¹줄무늬 애벌레와 노랑 애벌레는 서로 사랑했다. ²그들은 먹고, 기어 다니고, 심지어 함께 낮잠을 잤다. ³그들은 날마다 점점 더 커졌다. ⁴그들은 아무와도 전혀 갈등이 없었기 때문에 행복했다. ⁵그런데 줄무늬 애벌레는 곧 기둥의 꼭대기에 무엇이 있는지 다시 궁금해지기 시작했다. ⁶그는 노랑 애벌레에게 그와 함께 거기에 다시 가기를 요청했지만, 그녀는 거절했다. ⁷줄무늬 애벌레는 노랑 애벌레를 떠났고 다시 기둥을 향해 갔다. ⁸노랑 애벌레는 외로웠고 돌아다니기 시작했다. ⁹그때 그녀는 늙은 애벌레를 만났다. ¹⁰그녀는 그를 뒤쫓아 가서 그에게 도움을 제안했지만, 그는 거절했다. ¹¹그는 모든 것을 포기하고 나비로서 새로운 삶을 준비하고 있었다고 말했다. ¹²노랑 애벌레도 나비가 되기로 결심했다. ¹³그래서 그녀는 자신을 명주실로 감싸기 시작했다. ¹⁴그녀는 두려웠지만, 아무것도 그녀가 자신의 고치 안에서 잠드는 것으로부터 방해할 수 없었다.
¹⁵그동안에, 줄무늬 애벌레는 꼭대기로 가느라 힘든 시간을 보냈다. ¹⁶그가 거기에 도착했을 때, 그는 거기에는 아무것도 없다는 것을 알게 되었다. ¹⁷그래서 그는 포기하고 아래로 내려왔다. ¹⁸그가 마침내 내려왔을 때, 그는 잠이 들었다. ¹⁹그가 깨어났을 때, 그는 아주 밝은 노란 나비의 빛을 보았다. ²⁰그녀는 그에게 말하고 있었지만 그는 이해할 수 없었다. ²¹나비는 그에게 한때 자신의 것이었던 빈 고치로 가는 길을 보여 주었다. ²²그것을 보자마자 줄무늬 애벌레는 자신의 운명을 이해했다. ²³곧 그는 자신의 고치를 만들었고 애벌레인 것을 포기했다. ²⁴그것은 그에게 끝이 아니었다. ²⁵그것은 새로운 시작이었다.

필수 구문 확인하기

⁵ However, Stripe soon started to wonder **what was on top of the pillar** again.

▶ what was on top of the pillar는 wonder의 목적어 역할을 하는 명사절로, 「의문사+주어+동사」의 어순의 간접의문문이다.

¹¹He said (that) he was getting ready **to give** up everything *and* (to) **begin** a new life as a butterfly.

▶ he was ~ as a butterfly는 문장의 목적어이고, said 뒤에 명사절 접속사 that이 생략되어 있다.

▶ to give와 (to) begin은 and로 병렬 연결되어 있다.

¹⁵In the meantime, Stripe **had a hard time making** his way to the top.

▶ 「have a hard time+-ing」는 '~하는 데 힘든 시간을 보내다'의 의미이다.

02 [과학 | 힘과 운동] 무중력

본문 p.88~91

교육부 지정 중학 필수 어휘
1 atmosphere 2 existed 3 fascinating 4 complex 5 attached 6 thankful 7 blink 8 straw

START READING!
1 atmosphere 2 since there is no gravity

KEEP READING!
1 ⑤ 2 ④ 3 (a) 4 (A) attached (B) gravity 5 (b)

KEEP READING! 해설

1 지문에 가장 적절한 제목을 고르는 문제이다. 중력이 없다면 지구에 있는 모든 것들이 떠다니게 될 것이고 달이 사라질 것이라는 내용이다. 무중력 상태에서 어떤 일이 일어날 수 있는지를 설명하므로 정답은 ⑤이다.
  ① 우주에서 중력 없이 사는 법
  ② 공기 중에 떠다니는 것들
  ③ 중력에 대해 발견된 새로운 사실들
  ④ 중력의 힘을 경험하는 방법
  ⑤ 중력 없는 지구

2 중력은 달이 궤도에 머무르게 하는 유일한 것(The Moon ~ in orbit.)이라고 하였으므로 일치하지 않는 것은 ④이다.

3 본문의 atmosphere와 같은 의미로 쓰인 문장을 고르는 문제이다. 본문의 atmosphere는 '대기'라는 뜻이므로 정답은 (a)이다.
  (a) 석유와 가스를 너무 많이 사용하는 것은 대기 오염을 일으킨다.
  (b) 나는 이 레스토랑의 편안한 분위기 때문에 여기를 좋아한다.

4 이 글에서는 중력이 우리와 물, 대기를 포함한 모든 것들을 지면에 붙어있을 수 있게 해준다고 설명해주면서 무중력 상태에서는 땅에 붙어있지 않은 것들은 모두 떠다닐 것이라고 말하고 있다. 따라서 (A)에는 attached가, (B)에는 gravity가 들어가는 것이 알맞다.

> 우리, 물, 그리고 대기를 포함한 모든 것을 지면에 있게 해주기 때문에 중력은 우리에게 중요하다. (A) 붙어있지 않은 것들은 (B) 중력이 없으면 공중에 뜰 것이다.

5 (a)와 (c)의 would는 현재 사실에 반대되는 가정이나 상상을 할 때 쓰이는 would이고, (b)는 단순 과거를 나타내는 will의 과거형이므로 정답은 (b)이다.
  (a) 만약 내가 부자라면, 나는 우주선을 만들 것이다.
  (b) 우리는 그 싸움 후에 선생님께서 혼내실 줄 알았다.
  (c) 그가 만약 단 하나의 단서를 더 찾으면, 도둑을 찾을 수 있을 것이다.

끊어서 읽기

중력이 없다면, / 우리가 전에 본 것처럼 / 영화에서 / 모든 것이
¹ With no gravity, / like we have seen before / in movies, / everything

떠다닐 것이다. 물은 뜰 것이다 / 공중에 / 완벽한 구의 모양으로.
would float. ² Water would float / in the air / in the perfect shape of a ball.

물을 마시기 위해 / 우리는 빨대를 사용할 필요가 있을 것이다. 우리는 공중에 뜰 것이다
³ To drink water, / we would need to use straws. ⁴ We would float in the
to+동사원형 〈~하기 위해〉

/ 역시. 이것이 재미있게 들리는가? 글쎄 이것은 더 복잡하다 /
air, / too. ⁵ Does this sound like fun? ⁶ Well, it is more complex /

당신이 생각하는 것보다. 우리는 뜰 뿐만 아니라 / 우주로 날아가 버릴 것이다
than you think. ⁷ We would not only float, / but also fly off into space /

눈 깜박할 사이에. 건물 안에 머무르는 것이 / 더 안전할 것이다 /
in the blink of an eye. ⁸ Staying inside buildings / would be safer /

적어도 잠깐은 // 대부분의 건물은 붙어 있기 때문에 / 땅에.
at least for a while // because most buildings are attached / to the ground.

달도 잃게 될 것이다 / 우주에서 // 중력은 유일한 것이기 때문에
⁹ The Moon would also be lost / in space // because gravity is the only

것 / 달을 궤도에 머물게 하는. 상상할 수 있겠는가 / 세상을
thing / that keeps the Moon in orbit. ¹⁰ Can you imagine / the world

달이 없는 세상을? 대기와 모든 물은
without the Moon? ¹¹ The atmosphere and all water / would begin

우주로 날아가 버리기 시작할 것이다 / 역시. 지구의 대양, 호수, 그리고 강은 / 사라질 것이다.
to fly off into space, / too. ¹² Earth's oceans, lakes, and rivers / would
to+동사원형 〈~하는 것을〉

대단히 흥미로울 것이다 / 물고기와 다른 바다동물을 보는 것은 /
disappear. ¹³ It would be fascinating / to see fish and other sea animals /

물방울 안에 떠다니는 / 하늘에서. 우리가 어떻게 살 수 있을까 / 없이
floating in bubbles of water / in the sky. ¹⁴ How could we live / without

공기와 물이 없다면? 걱정하지 마라. 우리는 휩쓸려가 버릴 것이다 / 그것들과 함께
air and water? ¹⁵ Don't worry. ¹⁶ We would be carried away / along with

/ 우주로. 남겨진 생명은 없을 것이다 / 지구의 어느 곳에도.
them / into space. ¹⁷ There would be no life left / anywhere on Earth.
(= air and water)
그러니 / 중력의 탓으로 돌리지 마라 / 단지 네가 날 수 없다는 이유로.
¹⁸ So, / don't blame gravity / just because you can't fly. ¹⁹ Be very

무척 감사하라 // 그것이 존재한다는 것에 / 세상에.
thankful // that it exists / in the world.

어휘 확인하기

gravity 중력
float (위쪽으로) 뜨다, 떠가다
straw 짚, 밀짚; (음료를 마시는) 빨대
complex 복잡한. 얽히고설킨; 복합의, 합성의
fly off 날아가 버리다
blink 눈을 깜박거리다, 깜작이다; (눈을) 깜박거림
in the blink of an eye 눈 깜박할 사이에
at least 최소한, 적어도
for a while 잠시 동안
attach 붙이다, 첨부하다
imagine 상상하다, 가정하다
atmosphere (지구를 둘러싼) 대기; 분위기
disappear 사라지다
fascinating 대단히 흥미로운, 매력적인
carry away ~을 휩쓸어 가다
blame 책임을 지우다, ~의 탓으로 돌리다
thankful 감사하는, 고맙게 여기는
exist 존재하다, 실존하다

[선택지 어휘]
including ~을 포함해서
scold 야단치다, 꾸짖다

해석 한눈에 보기

¹우리가 이전에 영화에서 본 것처럼 중력이 없다면 모든 것이 떠다닐 것이다. ²물은 완벽한 구의 모양으로 공중에 뜰 것이다. ³물을 마시기 위해 우리는 빨대를 사용할 필요가 있을 것이다. ⁴우리도 공중에 뜰 것이다. ⁵이것이 재미있게 들리는가? ⁶글쎄, 이것은 당신이 생각하는 것보다 더 복잡하다. ⁷우리는 뜰 뿐만 아니라 눈 깜박할 사이에 우주로 날아가 버릴 것이다. ⁸대부분의 건물은 지면에 붙어있기 때문에 건물 안에 있는 것이 적어도 잠시 동안은 더 안전할 것이다.

⁹중력은 달을 궤도에 머물게 하는 유일한 것이기 때문에 달 또한 우주에서 실종될 것이다. ¹⁰달 없는 세상을 상상할 수 있겠는가? ¹¹공기와 모든 물도 우주로 날아가 버리기 시작할 것이다. ¹²지구의 대양, 호수, 그리고 강은 사라질 것이다. ¹³물고기와 다른 바다 동물들이 하늘에서 물방울 안에 떠다니는 것을 보는 것은 대단히 흥미로울 것이다. ¹⁴공기와 물 없이 우리가 어떻게 살 수 있을까? ¹⁵걱정하지 마라. ¹⁶우리는 그것들과 함께 우주로 휩쓸려갈 것이다. ¹⁷지구의 어느 곳에도 남겨진 생명체는 없을 것이다. ¹⁸그러니, 단지 날 수 없다는 이유로 중력을 탓하지 마라. ¹⁹그것이 세상에 존재한다는 것을 감사하라.

필수 구문 확인하기

¹ **With** no gravity, like we have seen before in movies, everything **would float**.

▶ with와 without은 가정법에서 if절을 대신하는 말로 쓰이기도 한다. 「with[without] ~, 주어+would+동사원형」은 '(지금) ~이 있다면[없다면] … 할 텐데'의 의미이다.

¹³It would be fascinating **to see** *fish and other sea animals* [**floating** in bubbles of water in the sky].
　　　가주어　　　　　　　　　　　　　　　　　진주어

▶ It은 가주어, to see 이하가 진주어이다.

▶ floating ~ sky는 앞의 fish and other sea animals를 수식하는 현재분사구이다.

¹⁷There would be *no life* [**left**] anywhere on Earth.

▶ left는 no life를 수식하는 과거분사로 쓰였다.

---

03 [사회 | 자연의 개발과 이용] 자원을 다시 쓸 수 있다면
　　　　　　　　　　　　　　　　　　　　　　　本文 p.92~95

교육부 지정 중학 필수 어휘
1 exhausted 2 toilet 3 generate 4 requires 5 spoiled 6 electricity 7 vehicle

START READING!
1 ③ 2 (A) ④ (B) ①

KEEP READING!
1 ② 2 ② 3 ⑤ 4 spoil

KEEP READING! 해설

1 지문에 가장 적절한 제목을 고르는 문제이다. 화석 연료와는 달리, 재생 가능한 여러 가지 신재생에너지의 원천에 대한 글이므로 정답은 ②이다.
① 바이오 연료란 무엇인가?
② 신재생에너지의 다양한 원천
③ 박테리아에서 어떻게 에너지가 나오는가
④ 환경을 오염시키는 화석 연료
⑤ 박테리아: 바이오가스의 중요 부분

2 박테리아가 폐기물을 분해할 때, 많은 에너지가 만들어진다(As the bacteria ~ energy is produced.)고 했으므로 ②는 지문의 내용과 일치하지 않는다.
① 태양 에너지는 재생 가능한 에너지의 한 종류이다.
② 박테리아가 폐기물을 분해할 때, 많은 에너지가 요구된다.
③ 바이오가스는 심지어 화장실 쓰레기로 발생될 수 있다.
④ 코코넛과 사탕수수 같은 것들이 바이오 연료를 만드는 데 사용된다.
⑤ 바이오 연료를 만들기 위해서 우리는 식량이 아닌 에너지를 위한 식물을 기를 많은 땅이 필요하다.

3 빈칸 문장에서 연료가 만들어지는 또 다른 요소를 소개하고 있다. 빈칸 뒤에서 나무, 코코넛, 사탕수수 등이 연료를 만드는 데 사용된다(Materials ~ called biofuel.)고 했고, 이 연료의 문제점으로 연료를 위한 식물을 기르면 식량을 기를 땅이 없어진다(The main problem ~ to grow food.)고 했으므로 빈칸에 적절한 말은 grow이다. 따라서 정답은 ⑤이다.
① 낭비하다 ② 재사용하다 ③ 향상시키다 ④ 소모하다 ⑤ 재배하다

4 (1) 만약 네가 아이에게 모든 것을 다 사주면, 너는 그 아이를 (A) 버릇없게 기를 것이다.
(2) 만약 네가 쓰레기를 아무 곳에나 버리면, 넌 환경을 (B) 해칠 것이다.
첫 번째 문장의 (A)는 '버릇없게 기르다'라는 말이 들어가고, 두 번째 문장의 (B)는 '망치다, 손상하다'라는 말이 들어가야 적절하므로 정답은 spoil(망치다, 해치다, 손상하다; 버릇없게 기르다)이다.

끊어서 읽기

¹ 재생 가능한 에너지는 원천을 사용한다 / 다 써버릴 수 없는. 예를 들어 /
Renewable energy uses sources / that we cannot exhaust. ² For example, /

태양 에너지는 에너지이다 / 햇빛으로부터 발생되는. 우리는 그것을 '재생 가능하다'고 부른다 //
solar energy is power / generated from sunlight. ³ We call it "renewable" //

왜냐하면 우리는 다 써버리지 않을 것이기 때문에 / 모든 햇빛을. 화석 연료와 달리
because we will not use up / all the sunlight. ⁴ Unlike fossil fuels, /

재생 가능한 에너지, 즉 그린 에너지는 / 환경을 해치지 않는다.
renewable energy, or green energy, / doesn't spoil the environment.

여러 가지 종류가 있다 // 그리고 바이오가스는 그 중 하나이다.
⁵ There are several types, // and biogas is one of them.

바이오가스는 자연 폐기물로부터 만들어진다 / 박테리아와 함께. 박테리아가
⁶ Biogas is made from natural waste / with bacteria. ⁷ As the bacteria

폐기물을 분해할 때 // 많은 에너지가 만들어진다. 브라질과
break down the waste, // a lot of energy is produced. ⁸ In Brazil and

인도에서는 / 사람들은 자연 폐기물을 이용한다 / 전기를 만들기 위해. 1킬로그램의
India, / people use natural waste / to make electricity. ⁹ One kilogram
to+동사원형 (~하기 위해)

폐기물은 / 충분한 바이오가스를 만들 수 있다 / 불을 켜 놓기 위한 / 네 시간 동안.
of waste / can produce enough biogas / to keep a light on / for four

스웨덴의 과학자들은 / 방법을 찾기도 했다 / 차를 위한 바이오가스를 만드는
hours. ¹⁰ Scientists in Sweden / have even found a way / to make biogas
to+동사원형 (~하는)

/ 화장실 쓰레기로부터. 1년 치의 쓰레기는 / 70개의 화장실에서 나온 /
for vehicles / from toilet waste. ¹¹ A year's waste / from 70 toilets /

충분한 가스를 만들 수 있다 / 소형차를 16,000킬로미터 주행하는.
can create enough gas / to drive a small car 16,000 kilometers.

연료는 또한 만들어진다 / 재배하는 것으로부터. 나무, 코코넛, 사탕수수와 같은 원료들은
¹² Fuels are also made / from things that grow. ¹³ Materials such as wood,

/ 연료를 만드는 데 사용된다 / 바이오 연료라고 불리는.
coconut, and sugar cane / are used to make fuel / called biofuel.

브라질에서 차와 버스들은 / 사탕수수로 만든 연료를 사용해 왔다 / 수년 동안.
¹⁴ In Brazil, cars and buses / have used fuel from sugar cane / for years.

일부 바이오 연료의 주된 문제점은 ~이다 / 그것들이 많은 땅을 필요로 한다는 것이다.
¹⁵ The main problem with some biofuels is // that they require a lot of

이것은 의미한다 // 식량을 생산할 땅이 더 적어진다는 것.
land. ¹⁶ This means // ∧there is less land to grow food.
that   to+동사원형 (~할)

어휘 확인하기

renewable 재생 가능한
source 원천, 근원
exhaust 기진맥진하게 하다; 다 써 버리다, 고갈시키다
solar 태양의
generate (결과·행동·감정 등을) 일으키다, 초래하다; (열·전기 등을) 발생시키다, 생기게 하다
use up ~을 다 써버리다
spoil 망치다, 해치다, 손상하다; 버릇없게 기르다
environment 환경
several 여러 가지
waste 쓰레기, 폐기물
bacteria 박테리아
break down 분해하다
produce 생산하다
electricity 전기, 전력
vehicle 탈것, 차
toilet 변기(통); 화장실
fuel 연료
material 재료, 원료
sugar cane 사탕수수
require 필요로 하다, 요구하다

해석 한눈에 보기

¹재생 가능한 에너지는 다 써버릴 수 없는 원천을 사용한다. ²예를 들어 태양 에너지는 햇빛으로부터 발생된 에너지이다. ³우리는 햇빛을 다 써버리지 않을 것이기 때문에 그것을 '재생 가능하다'고 부른다. ⁴화석 연료와 달리 재생 가능한 에너지, 즉 그린 에너지는 환경을 해치지 않는다. ⁵여러 가지 종류가 있고 바이오가스는 그중 하나이다.

⁶바이오가스는 박테리아와 함께 자연 폐기물로 만들어진다. ⁷박테리아가 폐기물을 분해할 때 많은 에너지가 만들어진다. ⁸브라질과 인도에서, 사람들은 전기를 만들기 위해 자연 폐기물을 이용한다. ⁹1킬로그램의 폐기물은 불을 네 시간 동안 켜 놓기 위한 충분한 바이오가스를 만들 수 있다. ¹⁰스웨덴의 과학자들은 화장실 쓰레기로부터 차를 위한 바이오가스를 만드는 방법을 찾기도 했다. ¹¹70개 화장실에서 나온 1년 치의 쓰레기는 소형차가 16,000킬로미터를 주행하기에 충분한 가스를 만들 수 있다.

¹²연료는 또한 재배하는 것들로 만들어진다. ¹³나무, 코코넛, 사탕수수와 같은 원료는 바이오 연료라고 불리는 연료를 만드는 데 사용된다. ¹⁴브라질에서, 차와 버스들은 사탕수수로 만든 연료를 수년 동안 사용해 왔다. ¹⁵일부 바이오 연료의 주된 문제점은 그것이 많은 땅을 필요로 한다는 것이다. ¹⁶이것은 식량을 재배할 땅이 더 적어진다는 것을 의미한다.

필수 구문 확인하기

² For example, solar energy is *power* [**generated** from sunlight].

▶ generated from sunlight는 power를 수식하는 과거분사구이다.

³ We **call** it "renewable" because we will not use up all the sunlight.
  V   O   C

▶ 「call A B」는 'A를 B라고 부르다'라는 의미이다.

⁴ Unlike fossil fuels, renewable energy, **or** green energy, doesn't spoil the environment.
                         ⎣_____ = _____⎦

▶ 접속사 or가 동격어구를 연결하고 있으며, '즉'으로 해석한다.

¹² Fuels are also made from *things* [**that** grow].

▶ that은 주격 관계대명사로 that grow는 선행사인 things를 수식한다.

---

04 [수학 | 자연수의 성질] 매미와 소수

교육부 지정 중학 필수 어휘
1 emerged 2 amusing 3 specific 4 favor 5 boost 6 intelligent 7 extinct 8 snake 9 buzzing

START READING!

1 2 to 4 weeks after they come above ground 2 ③

KEEP READING!

1 ④ 2 ① 3 ③ 4 그들이 땅 위로 나갈 해에 근거하여 5 extinct

KEEP READING! 해설

1 지문에 가장 적절한 제목을 고르는 문제이다. 매미가 소수인 13과 17년에 한 번씩 땅 위로 나오면서 적으로부터 생존할 확률을 높인다는 내용의 글이므로 정답은 ④이다.
   ① 소수란 무엇인가?
   ② 무엇이 매미를 그렇게 시끄럽게 만드는가?
   ③ 매미는 왜 여름에 우는가?
   ④ 매미는 수학을 이용하여 생존한다
   ⑤ 수학은 벌레들이 적을 피하는 데 도움을 준다

2 매미의 한 종류는 오직 13년마다 나오고 다른 한 종류는 17년마다 나온다(One type of ~ another every 17, ~)고 했으므로 지문의 내용과 일치하지 않는 것은 ①이다.
   ① 매미는 13년 그리고 17년마다 나오는 것을 피한다.
   ② 매미는 소수를 이용하여 멸종될 위험을 줄인다.

44 정답 및 해설

③ 매미는 소수에 근거하여 살아간다.
④ 매미는 수학으로 그들의 적을 피한다.
⑤ 매미는 무리를 지어 땅속에 머물고 땅 위로 나온다.

3 빈칸에 들어갈 가장 적절한 내용을 고르는 문제로, 어떤 여름이 다른 때보다 더 '어떠한지'를 찾아야 한다. 빈칸이 들어간 문장 앞에는 많은 매미가 동시에 나타나기 때문에 그것은 새나 다른 적들에게 잡아먹힐 가능성을 줄인다(Since lots of ~ other enemies.)는 내용이 나오고, 빈칸 문장에서는 매미들이 동시에 윙윙거린다는 내용이 나오므로 빈칸에는 '더 시끄럽다'가 들어가는 것이 적절하다. 따라서 정답은 ③이다.
① 더 더운   ② 덜 더운   ③ 더 시끄러운   ④ 덜 시끄러운   ⑤ 더 조용한

4 새끼 매미가 무리를 짓는 방법에 대해 묻는 문제이다. 지문에서 새끼 매미들은 그들이 땅 위로 나갈 해에 근거하여 무리를 짓는다(Baby cicadas are grouped ~ above the ground.)고 했으므로 정답은 '그들이 땅 위로 나갈 해에 근거하여'이다.

5 '더 이상 존재하지 않는'의 의미이므로 정답은 extinct(멸종된, 사라진)이다.

끊어서 읽기

¹ 믿기 힘들겠지만 / 매미는 매우 똑똑한 곤충이다 // 왜냐하면 그들은 안다
Believe it or not, / cicadas are very intelligent bugs // because they

/ 삶에서 수학을 이용하는 방법. 매미는 땅 위로 나온다
know / how to use mathematics in their lives. ² Cicadas come above

/ 오직 특정한 해에만. 매미의 한 종류는 오직 13년마다
ground / only on specific years. ³ One type of cicada / only emerges

나온다 그리고 또 다른 종류는 17년마다, // 그러나 나오는 종류는 없다 /
every 13 years / and another every 17, // but no type comes out /

12, 14, 15, 16, 또는 18년마다. 그들은 소수를 따른다 /
every 12, 14, 15, 16, or 18 years. ⁴ They follow prime numbers /

그들의 생애 주기에서. 이것은 증가시킨다 그것들이 멸종될 것을 피하는 가능성을.
in their life cycles. ⁵ This boosts / their chance to avoid becoming

to+동사원형 〈~할〉
매미를 먹는 대부분의 것들은 / 땅 위로 나온다 /
extinct. ⁶ Most things that eat cicadas / come above ground / every

2, 3, 4, 또는 5년마다. 분명히 수학은 매미에게 유리하게 작용한다.
2, 3, 4, or 5 years. ⁷ Clearly, the math works in the cicadas' favor.

새끼 매미는 무리를 짓는다 / 해에 근거하여 / 그들이 땅 위로 나갈.
⁸ Baby cicadas are grouped / based on the year / they will go above

그들은 땅에 숨는다 / 태어난 직후에 거의 바로.
the ground. ⁹ They hide in the ground / almost right away after birth.

한 무리는 지하에서 기다려 오고 있었다 / 17년 동안 // 그리고 그들은
¹⁰ One group has been waiting underground / for 17 years, // and they

땅 위로 나갈 것이다 / 모두 함께. 많은 매미들이 나타나기 때문에 /
will go above the ground / all together. ¹¹ Since lots of cicadas appear /
(~ 때문에)

동시에 // 그것은 가능성을 줄인다 / 새들과 뱀들 또는 그들의 적들에게 잡아먹힐.
at the same time, // it reduces the chance / to be eaten by birds and snakes
to+동사원형 〈~할〉

결과적으로 / 어떤 여름은 다른 때보다 훨씬 더 시끄럽다
or other enemies. ¹² As a result, / some summers are much louder than

// 왜냐하면 모든 매미가 함께 윙윙대기 때문에.
others // because all the cicadas are buzzing together.

비록 아무도 설명할 수 없지만 / 왜 매미가 13과 17을 선택하는지 /
¹³ Even though no one can explain / why cicadas select 13 and 17 /

어휘 확인하기

intelligent 똑똑한, 총명한
bug 벌레, (작은) 곤충
mathematics 수학
specific 구체적인, 명확한;
특정한
emerge 나오다, 모습을 드러내다
life cycle 생애 주기
boost (뒤·밑에서) 밀어 올리다;
올리다, 증가하다, 커지다
avoid 피하다
extinct 멸종된, 사라진
favor 호의, 친절; 유리, 이익
in one's favor ~에 유리하게
group 무리를 짓다; 무리
underground 지하에
appear 나타나다
reduce 줄이다
snake 뱀
enemy 적
buzz 윙윙거리다; 윙윙거림
even though 비록 ~일지라도
select 선발하다, 선택하다
amusing 재미있는, 흥미 있는
so far 지금까지

[선택지 어휘]
existence 존재, 현존

많은 소수 중에서 // 매미는 흥미롭고 영리한 곤충이다 /
among the many prime numbers, // cicadas are amusing and clever bugs /

우리가 아는 사실에 근거하여 / 지금까지!
based on the facts we know / so far!

해석 한눈에 보기

¹믿기 힘들겠지만, 매미는 그들의 삶에서 수학을 이용하는 방법을 알기 때문에 매우 똑똑한 곤충이다. ²매미는 오직 특정한 해에만 땅 위로 나온다. ³매미의 한 종류는 오직 13년마다 나오고, 또 다른 종류는 17년마다 나오지만, 12, 14, 15, 16년 또는 18년마다 나오는 종류는 없다. ⁴그들은 생애 주기에서 소수를 따른다. ⁵이것은 그들이 멸종될 것을 피하는 가능성을 증가시킨다. ⁶매미를 먹는 대부분의 것들은 2, 3, 4년, 또는 5년마다 땅 위로 나온다. ⁷분명히 수학은 매미에게 유리하게 작용한다.

⁸새끼 매미들은 그들이 땅 위로 나갈 해에 근거하여 무리를 짓는다. ⁹그들은 태어난 직후에 거의 바로 땅에 숨는다. ¹⁰한 무리는 땅 밑에서 17년 동안 기다려오고 있었고, 그들은 모두 함께 땅 위로 나갈 것이다. ¹¹많은 매미가 동시에 나타나기 때문에 그것은 새와 뱀 또는 다른 적들에게 잡아먹힐 가능성을 줄인다. ¹²결과적으로 모든 매미가 함께 울기 때문에 어떤 여름은 다른 때보다 훨씬 더 시끄럽다.

¹³비록 아무도 왜 매미가 많은 소수 중에서 13과 17을 선택하는지 설명할 수 없지만, 지금까지 우리가 아는 사실에 근거하여 매미는 흥미롭고 영리한 곤충이다.

필수 구문 확인하기

1 ~ because they <u>know</u> **how to use** mathematics in their lives.
     V'   O'

 ▶ 「how to+동사원형」은 '~하는 방법'의 의미로 how to 이하는 동사 know의 목적어이다.

6 *Most things* [**that** eat cicadas] come above ground every 2, 3, 4, or 5 years.
    S   V

 ▶ that은 주격 관계대명사로 that eat cicadas는 선행사인 Most things를 수식한다.

10 One group **has been waiting** underground for 17 years, and they will go above the ground all together.

 ▶ has been waiting은 현재완료 진행형으로 '~해 오고 있다'의 의미이다.

12 As a result, some summers are **much** *louder* than others because all the cicadas are buzzing together.

 ▶ much는 '훨씬'의 의미로 비교급을 강조하는 부사이다. a lot, still, far 등으로 바꿔 쓸 수 있다.

13 Even though no one can explain (*the reason*) [**why** cicadas select 13 and 17 among the many prime numbers], cicadas are interesting and clever bugs based on *the facts* [**we know**] so far!

 ▶ why는 관계부사로 '~하는 이유'라는 뜻이다. 관계부사절 앞에 선행사인 the reason이 생략되었다.

 ▶ we know는 the facts를 꾸며주며, we 앞에 목적격 관계대명사인 that이 생략되었다.

Chapter 12

01 [국어 | 문학에 담긴 세상] 허균의 누나, 허난설헌
본문 p.102~105

교육부 지정 중학 필수 어휘
1 strict 2 novel 3 author 4 attitude 5 poet 6 ideal 7 praised

START READING!
1 엄격한, 엄한 2 (1) T (2) T (3) F

KEEP READING!
1 ③ 2 ③ 3 ② 4 Joseon's closed attitudes towards women 5 (b)

KEEP READING! 해설

1 지문에 가장 적절한 주제를 고르는 문제이다. 조선의 엄격한 분위기에도 불구하고 여성으로서 시를 썼던 허난설헌과 그녀의 작품에 관한 글이므로 정답은 ③이다.
   ① 허난설헌의 가족사
   ② 허난설헌의 책
   ③ 조선의 뛰어난 여성 시인
   ④ 조선에서 여자의 역할
   ⑤ 조선의 유명한 시들

2 허난설헌의 자녀가 몇 명인지에 대한 내용은 언급되지 않았으므로 정답은 ③이다.
   ① 조선에서의 여성의 사회적 삶
   ② 허난설헌의 시 내용
   ③ 허난설헌의 시의 수
   ④ 허난설헌의 시를 출판한 사람
   ⑤ 허난설헌의 시에 대한 중국인들의 반응

3 주어진 문장은 '그러나 허난설헌의 가문은 달랐다.'라는 의미이다. ②의 앞에는 여성의 역할은 아이를 낳고 기르는 것이었기 때문에 교육을 받는 것조차 허락되지 않았다(They weren't even ~ bring them up.)는 내용이 나오고 뒤로는 그들(허난설헌의 가족들)은 여성들의 사회적인 활동에 개방적이었다는 내용이 이어지므로 주어진 문장이 들어갈 가장 적절한 곳은 ②이다.

4 허난설헌의 시가 조선에서 많은 주목을 끌지 못한 이유를 묻는 문제이다. 지문에서 여성을 향한 조선의 폐쇄적인 태도 때문에 많은 주목을 끌지 못했다(Sadly, it didn't attract ~ attitudes towards women.)고 했으므로 정답은 Joseon's closed attitudes towards women이다.

5 본문의 novel과 같은 의미로 쓰인 문장을 고르는 문제이다. 본문의 novel은 '소설'이라는 뜻이므로 정답은 (b)이다.
   (a) 그는 그 문제를 풀기 위해서 새로운 아이디어를 생각해 냈다.
   (b) 그녀의 소설은 매우 재미있어서 베스트셀러가 되었다.

끊어서 읽기

허균은 작가였다.   그는 「홍길동전」을 썼다
¹ Heo Kyun was an author. ² He wrote *The Tale of Hong Gildong*, /

한글로 쓰인 첫 번째 소설인.   그의 누나 허난설헌은 시인이었다.
the first novel ever written in Korean. ³ His sister, Heo Nanseolheon,

                        이것은 여성에게는 드문 직업이었다.
was a poet. ⁴ This was an uncommon job for a woman.

어휘 확인하기

author 작가, 저자; 쓰다, 저술하다
tale 소설, 이야기
novel 소설; 새로운, 신기한
poet 시인
uncommon 드문, 흔하지 않은

⁵ In the Joseon dynasty, / women's social lives were controlled in a
조선 왕조에서는 / 여성들의 사회적 삶은 엄격한 방식으로 통제되었다.

strict way. ⁶ They weren't even allowed / to have an education, //
그들은 심지어 허락되지 않았다 / 교육을 받는 것이

because their only role was / to have children and bring them up.
그들의 유일한 역할은 ~였기 때문에 / 아이를 갖고 그들을 기르는 것.
to+동사원형 (~하는 것)

⁷ However, Heo Nanseolheon's family was different. ⁸ They were open
그러나 허난설헌의 가문은 달랐다. / 그들은 여성들에게 열려있었다

to women / in social activities. ⁹ They provided her with an education //
사회적인 활동에 있어서. / 그들은 그녀에게 교육을 제공했다

so that she could learn / about literature and writing. ¹⁰ Thanks to
그녀가 배울 수 있도록 / 문학과 글쓰기에 대해서.

her family's support, / she could develop her talent for writing /
그녀 가족의 지지 덕분에 / 그녀는 글쓰기에 대한 그녀의 재능을 발전시킬 수 있었다

at a young age. ¹¹ She surprised everyone / by writing a poem //
어린 나이에. / 그녀는 모두를 놀라게 했다 / 시를 씀으로써
by -ing (~함으로써)

when she was only eight years old.
그녀가 겨우 8살 때.

¹² She wrote lots of poems / during her lifetime, // until she died at
그녀는 많은 시를 썼다 / 그녀의 일생 동안

the age of twenty-seven. ¹³ Her poems were / about her marriage, /
그녀가 27세의 나이로 죽을 때까지. / 그녀의 시는 ~이었다 / 그녀의 결혼 생활에 관한

her love for her children / and her family, / or ideal worlds beyond reality.
자녀에 대한 그녀의 사랑에 대한 / 그리고 그녀의 가족에 대한 / 또는 현실 너머의 이상적인 세상에 대한.

¹⁴ A few years after she died, / Heo Kyun, in memory of his sister, /
그녀가 죽고 몇 년 후 / 허균은 그의 누나를 추모하며

published a book of poems / in China / that Heo Nanseolheon had
시집을 출판했다 / 중국에서 / 허난설헌이 썼던.

written. ¹⁵ Sadly, / it didn't attract much attention in Joseon /
슬프게도 / 그것은 조선에서는 많은 주목을 끌지 못했다

because of Joseon's closed attitudes / towards women. ¹⁶ Interestingly, /
조선의 폐쇄적인 태도 때문에 / 여성들을 향한. / 흥미롭게도

however, / it became very famous / in China and Japan.
그러나 / 그것은 매우 유명해졌다 / 중국과 일본에서.

¹⁷ Many people in China and Japan /read her poems / and highly
중국과 일본의 많은 사람들이 / 그녀의 시를 읽었다

praised her ability to write.
그리고 그녀의 글쓰기 능력을 크게 칭찬하였다.
to+동사원형 (~하는)

---

dynasty 왕조
social 사회적인
control 통제하다
strict 엄격한, 엄한
allow 허락하다
role 역할
bring up ~을 기르다, 양육하다
provide 제공하다
literature 문학
thanks to ~ 덕분에
support 지지, 지원
develop 발달시키다, 발전시키다
poem 시
marriage 결혼 생활
ideal 이상적인, 완벽한; 이상
beyond ~의 범위를 넘어서
reality 현실
in memory of ~을 기념하여, 추모하여
publish 출판하다
attract 끌다
attention 주의, 주목
closed 폐쇄적인
attitude 태도, 자세, 사고방식
toward(s) ~ 향하여, ~에 대하여
highly 크게, 대단히
praise 칭찬, 찬사; 칭찬하다
ability 능력

[선택지 어휘]
reaction 반응
best-seller 베스트셀러

해석 한눈에 보기

¹허균은 작가였다. ²그는 한글로 처음 쓰인 소설인 「홍길동전」을 썼다. ³그의 누나 허난설헌은 시인이었다. ⁴이것은 여성들에게 드문 직업이었다. ⁵조선 왕조에서 여성들의 사회적인 삶은 엄격한 방식으로 통제되었다. ⁶그들은 심지어 교육을 받는 것이 허락되지 않았는데 그들의 유일한 역할은 아이들을 낳고 기르는 것이었기 때문이었다. ⁷그러나 허난설헌의 가문은 달랐다. ⁸그들은 사회생활을 하는 여성들에게 개방적이었다. ⁹그들은 그녀가 문학과 글쓰기에 대해 배울 수 있도록 그녀에게 교육을 제공했다. ¹⁰그녀는 가족의 지지 덕분에 어린 나이에 글쓰기 재능을 발전시킬 수 있었다. ¹¹그녀는 겨우 8세에 시를 써서 모두를 놀라게 했다.
¹²그녀는 27세의 나이로 죽을 때까지 일생 동안 많은 시를 썼다. ¹³그녀의 시는 자신의 결혼 생활, 자녀들과 가족에 대한 사랑이나 현실 너머의 이상적인 세상에 대한 것이었다.

¹⁴그녀가 죽고 몇 년 후 허균은 그의 누나를 추모하며 허난설헌이 쓴 시집을 중국에서 출판했다. ¹⁵슬프게도 여성에 대한 조선의 폐쇄적인 태도 때문에 조선에서는 많은 주목을 끌지 못했다. ¹⁶하지만 흥미롭게도 그것은 중국과 일본에서 매우 유명해졌다. ¹⁷중국과 일본의 많은 사람들이 그녀의 시를 읽고 그녀의 글쓰기 능력을 크게 칭찬하였다.

필수 구문 확인하기

6 They **weren't** even **allowed to have** an education, because their only role was to have children *and* (to) bring them up.

S' V' C'

▶ 「be allowed to+동사원형」은 '~하는 것을 허락받다'라는 의미이다.

▶ to have와 (to) bring이 접속사 and로 병렬 연결되어 있으며, '~하는 것(이다)'의 의미인 주격 보어로 쓰였다.

9 They provided her with an education **so that she could** learn about literature and writing.

▶ 「so that+주어+can/could」는 '(주어)가 ~할 수 있도록[하기 위해서]'라는 의미이다.

14 ~, Heo Kyun, in memory of his sister, published a book of *poems* in China [**that** Heo Nanseolheon **had written**].

▶ that은 목적격 관계대명사로 that 이하는 선행사 poems를 수식한다.

▶ 시집을 출판한 것보다 이전에 시를 썼으므로 대과거를 나타내는 「had+p.p.」를 썼다.

---

02 [과학 | 소화·순환·호흡·배설] 건강의 적신호, 변비

본문 p.106~109

교육부 지정 중학 필수 어휘
1 upset **2** promote **3** alter **4** emotions **5** function **6** contribute **7** proved **8** risk

START READING!
1 ① **2** (1) T (2) F (3) T

KEEP READING!
1 ② **2** ④ **3** ② **4** contribute **5** risk

KEEP READING! 해설

1 지문에 가장 적절한 주제를 고르는 문제이다. 변비가 생기는 이유에 대한 글이므로 정답은 ②이다.
① 다이어트 하는 것의 부작용
② 변비의 원인
③ 건강한 식단의 중요성
④ 변비의 문제점
⑤ 스트레스가 유발하는 질병들

2 빈칸에 들어갈 적절한 단어를 고르는 문제이다. 충분한 물과 섬유질이 많은 음식이 변비의 위험을 '어떻게'할 것인지를 찾아야 한다. 문장의 앞부분에서 당신은 충분한 물과 섬유질이 포함되지 않은 식사를 할 때 변비를 얻는다(You get constipation ~ water and fiber.)고 했으므로 '줄이다'라는 의미가 들어가야 하므로 정답은 ④이다.
① 유지하다 ② 올리다 ③ 보여주다 ④ 줄이다 ⑤ 야기하다

3 지문을 통해 대답할 수 있는 질문을 고르는 문제이다. 충분한 물과 섬유질이 많은 음식은 변비의 위험을 낮춰준다고 했으므로 정답은 ②이다.
① 카페인이 어떻게 몸을 메마르게 하는가?
② 변비를 피하기 위해서는 어떤 종류의 음식을 섭취해야 하는가?
③ 변비가 생겼을 때 어떤 일이 일어나는가?
④ 스트레스를 해소하기 위해 무엇을 해야 하는가?
⑤ 어떤 종류의 음식이 스트레스를 다스리는 것을 돕는가?

4 (1) 도움이 필요한 아이들을 돕는 데 (A) 기부하시겠습니까?

(2) 폭우는 댐 붕괴의 (B) 원인이 될 수 있다.

첫 번째 문장의 (A)는 '기부하다'라는 말이 들어가고, 두 번째 문장의 (B)는 '~의 원인이 되다'라는 말이 들어가야 적절하므로 정답은 contribute(기부하다, 기증하다; ~의 원인이 되다)이다.

5 '안 좋거나 위험한 무언가가 일어날 가능성'이라는 의미이므로 정답은 risk(위험, 위험요소)이다.

끊어서 읽기

당신은 변비에 걸린다 // 당신이 식습관을 가질 때 /
¹ You get constipation // when you have a diet / that doesn't include

충분한 물과 섬유질이 포함되지 않은. 많은 탄산음료와 마실 것은 우리의 몸을 건조하게 만들 수 있다
enough water and fiber. ² Many sodas and drinks can dry out your

// 왜냐하면 그것들은 카페인을 가지고 있기 때문에. 또한 가공 음식, 치즈,
body // because they have caffeine. ³ Also, processed foods, cheese,

흰 밀가루로 만든 빵 그리고 고기는 / 섬유질이 부족하다. 그것들을 피하려고 노력해라.
white bread, and meat / are low in fiber. ⁴ Try to avoid them.

충분한 물과 고섬유질 음식을 먹는 것은 / 변비의 위험성을 줄일 것이다
⁵ Having enough water and high-fiber foods / will reduce the risk

// 왜냐하면 그것들은 장이 운동하도록 도와주기 때문에 충분한 물을
of constipation // because they help the intestines work. ⁶ Drink plenty

규칙적으로 마셔라. 고섬유질 음식을 포함한 더 건강한 음식을 먹어라 /
of water regularly. ⁷ Eat a healthier diet with high-fiber foods /

과일, 야채 그리고 통곡식 같은.
like fruits, vegetables, and whole grains.

스트레스는 변비를 촉진한다. 당신은 변비가 생길지도 모른다 //
⁸ Stress also promotes constipation. ⁹ You might have constipation //

당신이 무언가에 대해 불안해할 때 / 새로운 학교에 입학하거나
when you are anxious about somethin g, / like starting at a new

집의 문제와 같은. 연구는 입증해왔다 //
school or problems at home. ¹⁰ Research has proven // that
(~인 것을)

정서적인 혼란과 부정적인 감정은 영향을 줄 수 있다는 것을 / 우리 몸의
emotional upsets and negative emotions can influence / our body

기능에 / 그리고 변비의 원인이 될 수 있다.
functions / and contribute to constipation.

변비는 또한 발생할 수 있다 // 우리 삶의 양식이 바뀌었을 때.
¹¹ Constipation may also occur // when our life patterns change.

이런 양식은 포함한다 // 우리가 식사하는 시간 / 우리가 자러 가는 시간
¹² These patterns include // when we eat, / when we go to bed, /

우리가 일어나는 시간 / 그리고 우리가 화장실에 가는 시간을.
when we wake up, / and when we use the bathroom. ¹³ Altering

이들 중 어떤 것도 바꾸는 것은 높인다 / 변비에 걸릴 가능성을.
any of these raises / the possibility of getting constipation.

어휘 확인하기

diet 식사, 식습관
include 포함하다
dry out 메말라지다, ~을 건조하게 하다
caffeine 카페인
processed 가공(처리)한
avoid 피하다
risk 위험, 위험요소; 위태롭게 하다, 위험을 무릅쓰다
plenty of 많은
regularly 규칙적으로
whole grain 통곡식, 통곡물
promote ~을 증진[촉진]하다, 진척시키다; ~을 승진[진급]시키다
anxious 불안해하는, 염려하는
research 연구
prove 입증하다, 증명하다
emotional 감정적인
upset 속상한; 속상하게 만들다; 속상함, 혼란
emotion 감정, 정서
influence 영향을 주다
function 기능; 기능하다, 작동하다
contribute 기부하다, 기증하다; ~의 원인이 되다
occur 발생하다, 일어나다
pattern (사고·행동 등의) 양식, 패턴
alter 바꾸다, 변하다
possibility 가능성

[선택지 어휘]
side effect 부작용
collapse 붕괴

해석 한눈에 보기

¹당신이 충분한 물과 섬유질이 포함되지 않은 식습관을 가질 때 변비에 걸린다. ²많은 탄산음료와 마실 것은 카페인을 가지고 있어서 우리의 몸을 건조하게 만들 수 있다. ³또한 가공 음식, 치즈, 흰 밀가루로 만든 빵 그리고 고기는 섬유질이 부족하다. ⁴그것들을 피하려고 노력해라. ⁵충분한 물과 고섬유질 음식을 먹는 것은 장이 운동하도록 도와주기 때문에 변비의 위험성을 줄일 것이다. ⁶충분한 물을 규칙적으로 마셔라. ⁷고섬유질 음식을 포함한, 과일,

야채, 그리고 통곡식 같은 더 건강한 음식을 먹어라.

8 스트레스는 변비를 촉진한다. 9 당신이 새로운 학교에 입학하거나 집안 문제와 같은 것에 대해 불안해할 때 변비가 생길지도 모른다. 10 연구는 정서적인 혼란과 부정적인 감정이 우리 몸의 기능에 영향을 줄 수 있고 변비의 원인이 될 수 있음을 입증해왔다.

11 변비는 또한 우리 삶의 양식이 바뀌었을 때 발생할 수 있다. 12 이런 양식은 우리가 식사하는 시간, 자러 가는 시간, 일어나는 시간 그리고 화장실에 가는 시간들을 포함한다. 13 이들 중 어떤 것도 바꾸는 것은 변비에 걸릴 가능성을 높인다.

필수 구문 확인하기

10 Research has proven **that** emotional upsets and negative emotions **can influence** our body functions *and* (can) **contribute** to constipation.

▸ that이 이끄는 절이 동사 has proven의 목적어이다.

▸ that절에는 동사 can influence와 (can) contribute가 and로 병렬 연결되었다.

---

03 [수학 | 분수] 옛날 우리나라에서도 분수를 사용했을까요?

본문 p.110~113

교육부 지정 중학 필수 어휘

1 instructed 2 translated 3 approach 4 achieve 5 fundamental 6 tough 7 deleted 8 contents 9 progress 10 organized

START READING!

1 이루다, 달성하다 2 (1) T (2) T (3) F

KEEP READING!

1 ④ 2 ⑤ 3 ② 4 ④ 5 tough

KEEP READING! 해설

1 지문에 가장 적절한 주제를 고르는 문제이다. 중국의 수학책 「구장산술」을 조선의 수학자 남병길이 다시 써서 분수를 소개했다는 내용이므로 정답은 ④이다.
   ① 유명한 수학책이 어떻게 중국에서 왔는지
   ② 풀리지 않는 어려운 수학 문제들
   ③ 다시 쓰인 한글판 「구장술해」
   ④ 남병길이 어떻게 우리나라 수학 역사를 바꾸었는가
   ⑤ 남병길이 풀었던 분수에 관한 수학 문제들

2 이 책에서 볼 수 있는 재미있는 부분은, 그의 시대에 분수를 읽는 방법이 오늘날 우리가 그것들을 읽는 방법과 같다는 것(The interesting thing ~ read them today.)이라고 했으므로 지문의 내용과 일치하지 않는 것은 ⑤이다.

3 주어진 문장은 '그의 책에서 그는 단지 중국 수학을 한국어로 다시 쓰지 않았다.'라는 의미이다. 문맥상, 주어진 문장 뒤로 그가 중국 책을 번역했을 뿐만 아니라, 무엇인가를 더 했다는 내용의 문장이 들어가야 한다. ② 뒤에 그는 중요하고 핵심적인 해설을 추가하고 도움되지 않는 부분들을 삭제했다(He added important ~ were not helpful.)는 내용이 나오므로 정답은 ②이다.

4 빈칸 앞에서는 「구장산술」이 또 다른 수학자에 의해 해석되어 다시 쓰였다는 내용이 나온다. 빈칸 뒤는 대부분의 내용이 서툴게 쓰였고 설명들도 이해하기 어려웠다는 내용으로, 두 개의 상반되는 내용이 이어지므로 정답은 역접을 나타내는 ④이다.
   ① 그러므로 ② 게다가 ③ 비슷하게 ④ 그러나 ⑤ 결과적으로

5 (1) 그것은 답하기 (A) 어려운 문제였다. 나는 아직도 답을 모른다.
   (2) 그 (B) 강인한 남자는 문을 부수고 그 안에 있던 아이를 구했다.
   첫 번째 문장의 (A)는 '어려운'이라는 말이 들어가고, 두 번째 문장의 (B)는 '강인한'이라는 말이 들어가야 적절하므로 정답은 tough(힘든, 어려운; 강인한, 굳센)이다.

『구장술해』의 개념은 한국에 처음 소개되었다 /

1 The ideas in *Goojangsoolhae* were first introduced to Korea / from

『구장산술』이라고 불리는 중국 수학 책에서.　　이것은 한국어로 번역되고 다시 쓰였다

a Chinese math book called *Gujangsansul*. **2** It was translated and

/　　다른 수학자로부터.　　　그러나 대부분의

rewritten in Korean / by another mathematician. **3** However, most of

내용이 좋지 못하게 쓰였다　　/　　그리고 설명은 이해하기 어려웠다.

the contents were poorly written / and the explanations were tough

그래서 남병길은 그 책을 그 책을 다시 썼다.

to understand. **4** So, Nam Byung-Gil wrote the book again. **5** In his

그의 책에서 /　　　그가 단지 중국 수학을 다시 쓰지 않았다　　/　　한국어로.

book, / he did not just rewrite the Chinese math / in Korean.

그는 중요하고 필수적인 설명을 더했다　　　/

6 He added important and fundamental explanations / and deleted

그리고 도움이 되지 않는 부분들을 삭제했다.　　　그의 『구장술해』를 통해　　/

parts that were not helpful. **7** Through his *Goojangsoolhae*, /

그는 큰 진보를 만들었다　　/　　한국의 수학에서.

he made great progress / in Korean math.

『구장술해』의 첫 번째 장에서　　/　　분수의 의미와

8 In the first chapter of *Goojangsoolhae*, / the meaning of fractions

몇몇 예들이 제시된다.　　　　～을 보여주는 수학 문제들이 있다　　/

and some examples are given. **9** There are math problems showing /

분수들의 합의 답을 어떻게 찾는지　　/　　다른 분모를 가지고 있는.

how to find the answer for the sum of fractions / that have different

to+동사원형 (～하는 것)　　　그뿐만 아니라, 안내서가 있다　　/　　우리를 가르쳐 주는

denominators. **10** Not only that, there are directions / that instruct

/　　분수를 어떻게 똑바로 읽는지.　　　흥미로운 것은 ～이다　　/

us on / how to read fractions correctly. **11** The interesting thing is /

우리가 이 책에서 볼 수 있는　　/　　그의 시대에 분수를 읽는 방법은

that we can see in this book / that the way to read fractions in

/　　오늘날 우리가 그것들을 읽는 방법과 같다.

his time / was the same as the way we read them today.

남병길은 약 30권의 수학책을 썼다　　/　　그리고 또한

12 Nam Byung-Gil wrote about 30 math books / and also achieved

많은 업적을 쌓았다　　/　　수학에서.　　　그의 책들은 전통적인 접근법을 깼다

many great things / in math. **13** His books broke the traditional

/　　있는 것들을 보존하는　　/　　그리고 현대적인 방식을 따랐다　　/

approach / of preserving things / and took a modern style /

체제를 다른 방식으로 개선하고 편성하는.

of improving and organizing systems in a different way.

---

translate 번역하다, 통역하다
rewrite 다시 쓰다
mathematician 수학자
content (그릇·상자 등의) 내용
물; (서적·문서 등의) 내용, 기사
poorly 서툴게
explanation 설명
tough 힘든, 어려운; 강인한, 굳센
fundamental 기본적인, 기초의;
핵심적인, 필수적인; 기본, 기초;
원리, 원칙
delete 삭제하다
progress 진전, 발전; 진전을
보이다
sum 합, 합계
directions 안내서, 사용법
instruct 지시하다; 가르치다,
알려주다
achieve 이루다, 달성하다
traditional 전통적인
approach 다가가다, 접근하다;
접근법
preserve 지키다, 보존하다
modern 현대의, 근대의
improve 개선하다
organize 준비하다; 편성하다,
체계화하다
system 체제, 제도

해석 한눈에 보기

1 『구장술해』의 개념은 『구장산술』이라고 불리는 중국 수학 책에서 한국에 처음 소개되었다. **2** 이것은 다른 수학자에 의해서 번역되고 다시 쓰였다. **3** 그러나, 내용의 대부분이 좋지 못하게 쓰였고 설명은 이해하기 어려웠다. **4** 그래서, 남병길은 그 책을 다시 썼다. **5** 그의 책에서 그는 단지 중국 수학을 한국어로 다시 쓰지 않았다. **6** 그는 중요하고 필수적인 설명을 더하고 도움이 되지 않는 부분들을 삭제했다. **7** 그의 『구장술해』를 통해 그는 한국 수학에서 큰 진

보를 만들었다.
⁸「구장술해」의 첫 번째 장에서 분수의 의미와 몇몇 예들이 제시된다. ⁹다른 분모를 가지고 있는 분수들의 합의 답을 어떻게 찾는지 보여주는 수학 문제들이 있다. ¹⁰그뿐만 아니라, 분수를 어떻게 똑바로 읽는지 우리를 가르쳐 주는 안내서가 있다. ¹¹흥미로운 점은 그의 시대에 분수를 읽는 방법이 오늘날 우리가 그것을 읽는 방법과 같다는 것을 이 책에서 볼 수 있다는 것이다.
¹²남병길은 약 30권의 수학책을 썼고 또한 수학 분야에서 많은 업적을 쌓았다. ¹³그의 책들은 있는 것들을 보존하는 전통적인 접근법을 깨고 체제를 다른 방식으로 개선하고 편성하는 현대적인 방식을 따랐다.

필수 구문 확인하기

⁹ There are math problems showing how to find the sum of *fractions* [**that** have different denominators].

▶ 「how to+동사원형」은 '어떻게 ~할지' 또는 '~하는 방법'의 의미이고, 주격 관계대명사절 that have different denominators는 선행사인 fractions를 수식한다.

¹⁰Not only that, there are *directions* [**that** instruct us on how to read fractions correctly].

▶ that은 주격 관계대명사로, that ~ correctly는 선행사인 directions를 수식한다.

---

04 [역사 | 현대 세계의 전개] 캄보디아 킬링필드   본문 p.114~117

교육부 지정 중학 필수 어휘
1 surveyed 2 population 3 tragic 4 injured 5 reward 6 lack 7 scale 8 lawyer 9 arrested

START READING!
1 비극적인 2 (1) T (2) F (3) T

KEEP READING!
1 ② 2 ③ 3 ③ 4 교육을 받은 표시라고 생각했기 때문에 5 reward

KEEP READING! 해설

1 지문에 가장 적절한 제목을 고르는 문제이다. 크메르 루즈가 캄보디아 인구의 약 1/4을 죽인 '킬링필드'라는 비극적인 사건에 관한 내용이므로 정답은 ②이다.
   ① 크메르 루즈의 역사
   ② 킬링필드: 캄보디아의 슬픈 역사
   ③ 크메르 루즈의 꿈
   ④ 사람들은 킬링필드에서 어떻게 살아남았나?
   ⑤ 킬링필드의 끝

2 살아남은 배운 사람들은 하루 12시간씩 일해야 했다(Educated people who survived had to work 12 hours a day, ~.)고 했으므로 ③은 일치하지 않는다.

3 주어진 문장은 '그들은 부드러운 손을 가진 사람들은 결코 일하지 않았다고 생각했기 때문에 부드러운 손을 가진 사람들은 죽임을 당했다.'라는 의미이다. ③ 앞에서 크메르 루즈가 '배신자들'을 제거하겠다고 결정하고 교육받은 사람들을 죽였다는 내용이 나오고, 뒤로는 안경을 쓴다는 것이 교육을 받았다는 표시라고 생각했기 때문에 죽였다는 내용이 나오면서 크메르 루즈가 어떤 사람들을 죽였는지 이야기 하고 있다. 따라서 주어진 문장이 들어가기 가장 적절한 곳은 ③이다.

4 크메르 루즈는 안경을 쓰는 것이 교육을 받은 표시라고 여겼기 때문에 죽였다(Others were also killed ~ a sign of education.)고 했으므로 정답은 '교육을 받은 표시라고 생각했기 때문에'이다.

5 '무언가를 잘 했을 때 받는 것'이라는 뜻이므로 정답은 reward(보상)이다.

크메르 루즈는 위험한 생각을 가졌다 / 새로운 나라를 만드는 것에 관해
¹ The Khmer Rouge had dangerous idea / about building a new

그리고 그들은 사람의 생명을 중요하게 여기지 않았다. 이런
country, // and they didn't consider human life important. ² These

생각들은 야기했다 / 지난 세기의 가장 비극적인 사건을 /
thoughts caused / one of the most tragic events of the last century, /

'킬링필드'라고 불리는. 크메르 루즈는 해쳤다 / 그리고 사람들을 죽였다
called "Killing Fields." ³ The Khmer Rouge injured / and killed people /

막대한 규모로. 나라 인구의 많은 수가 죽었다 /
on a huge scale. ⁴ A large number of the country's population died /

그 시기에.
during that time.

크메르 루즈는 '배신자들'을 제거하기로 결정했다 /
⁵ The Khmer Rouge decided to remove "betrayers," / people who

to+동사원형 (~하는 것을)
이전 정권에 협력했던 사람들. 크메르 루즈는 누구나 죽이거나
had cooperated with the former regime. ⁶ The Khmer Rouge killed

체포했다 / 많이 배운 / 의사들, 교사들, 변호사들,
or arrested anyone / who was educated. ⁷ Doctors, teachers, lawyers,

기자들, 그리고 경찰관들이 모두 죽임을 당했다. 부드러운 손을 가진 사람들은
journalists, and policemen were all killed. ⁸ People with soft hands

죽임을 당했다 // 왜냐하면 그들은 생각했다 / 부드러운 손을 가진 사람들은 /
were killed // because they thought / people who had soft hands /
that

일을 하지 않는다고. 다른 사람들도 또한 죽임을 당했다 / 안경을 써서 //
never worked. ⁹ Others were also killed / for wearing glasses //

왜냐하면 그들은 생각했다 / 그것이 교육의 표시라고.
because they thought / it was a sign of education.
that

살아남은 교육 받은 사람들은 / 하루에 12시간 일해야만 했다 /
¹⁰ Educated people who survived / had to work 12 hours a day, /

한 주에 7일. 그들은 단지 작은 밥 한 공기를 받았다 / 보상으로
seven days a week. ¹¹ They got just a small bowl of rice / as a reward.

일하기에 너무 약한 사람은 / 죽임을 당했다. 많은 사람들이 죽었다
¹² Anybody who was too weak to work / was killed. ¹³ Lots of people

/ 병, 부상, 또는 음식 부족으로. 이 모든 살인은 행해졌다
died / from disease, injury, or lack of food. ¹⁴ All of these killings were

/ 새로운 국가를 만든다는 명목으로.
done / in the name of building a new nation.

크메르 루즈는 마침내 1979년에 멈춰졌다. 그 후에 /
¹⁵ The Khmer Rouge were finally stopped in 1979. ¹⁶ After that, /

캄보디아 정부는 생존자들을 조사했다 / 더 많은 정보를
the Cambodian government surveyed the survivors / to gather more

to+동사원형 (~하기 위해)
모으기 위해서 / 크메르 루즈에 관해서. 정부는 발견했다
information / about the Khmer Rouge. ¹⁷ The government found out //

약 2백만 명의 사람들이 죽었다 / 이 짧은 시간 동안
that about 2 million people had died / during this short time —

다시 말해서 / 전체 캄보디아 인구의 약 4분의 1이다.
in other words, / about one-fourth of the entire Cambodian population.

consider 여기다

thought 생각

cause ~을 야기하다[초래하다]

tragic 비극적인

injure 부상을 입히다, 해치다

huge 막대한[엄청난]

scale 규모, 범위; 저울

population 인구

remove 제거하다

cooperate 협력하다

former 이전[과거]의

arrest 체포하다; 체포

educated 많이 배운, 학식 있는

lawyer 변호사

journalist 기자, 언론인

education 교육

survive 살아남다, 생존하다

reward 보상; 보상하다, 답례하다

injury 부상

lack 부족, 결핍; ~이 없다,
부족하다

nation 나라

government 정부

survey 설문 조사; 조사하다

survivor 생존자

gather 모으다

in other words 다시 말해서

entire 전체의

¹크메르 루즈는 새로운 나라를 만드는 것에 관해 위험한 생각을 가졌고 그들은 사람의 생명을 중요하게 여기지 않았다. ²이런 생각들은 '킬링필드'라고 불리는 지난 세기의 가장 비극적인 사건을 야기했다. ³크메르 루즈는 대규모로 사람들을 다치게 하고 죽였다. ⁴그 시기에 나라 인구의 많은 수가 죽었다. ⁵크메르 루즈는 '배신자들' 즉, 이전 정권에 협력했던 사람들을 제거하기로 결정했다. ⁶크메르 루즈는 많이 배운 누구든지 죽이거나 체포했다. ⁷의사들, 교사들, 변호사들, 기자들, 그리고 경찰관들이 모두 죽임을 당했다. <u>⁸그들은 부드러운 손을 가진 사람들은 일을 하지 않는다고 생각했기 때문에 부드러운 손을 가진 사람들은 죽임을 당했다.</u> ⁹그들은 교육의 표시라고 생각해서 안경을 썼다는 이유로 다른 사람들도 죽임을 당했다.

¹⁰살아남은 교육 받은 사람들은 하루에 12시간씩, 한 주에 7일을 일해야만 했다. ¹¹그들은 보상으로 단지 작은 양의 밥 한 공기를 받았다. ¹²일하기에 너무 약한 사람은 죽임을 당했다. ¹³많은 사람들이 병, 부상, 음식 부족으로 죽었다. ¹⁴이 모든 살인은 새로운 국가를 만든다는 명목으로 행해졌다.

¹⁵크메르 루즈는 마침내 1979년에 멈췄다. ¹⁶그 후에 캄보디아 정부는 크메르 루즈에 관한 더 많은 정보를 모으기 위해서 생존자들을 조사했다. ¹⁷정부는 이 짧은 시간 동안 약 2백만 명의 사람들이 죽었다는 사실을 발견했는데 이는 다시 말해 전체 캄보디아 인구의 약 4분의 1이었다.

필수 구문 확인하기

⁸ *People* [with soft hands] were killed because they **thought** (that) *people* [who had soft hands] never worked.

▶ with soft hands는 People을 수식하는 전치사구이다.

▶ because가 이끄는 절에서 동사 thought 뒤에는 목적어절을 이끄는 that이 생략되어있다.

READING RELAY
STARTER 1, 2

READING RELAY
CHALLENGER 1, 2

READING RELAY
MASTER 1, 2

고교영어 절대평가를 위한
믿음직한 출발!

쎄듀 첫단추 모의고사 문법어법편

- 50가지 시험 빈출 어법 포인트 공략
- 4단계 학습으로 문법 정리 & 어법 출제유형 완벽 학습!
- 총정리 실전 어법 모의고사 4회

쎄듀 첫단추 모의고사 듣기유형편

- 16가지 수능 듣기 유형의 확실한 해결전략 제시
- 최근 4개년 기출 완벽 분석 및 절대평가 수능 경향 반영
- 실전적응력을 높이는 실전모의고사 10회

쎄듀 첫단추 모의고사 독해유형편 NEW

- 18가지 수능 독해 유형의 명쾌한 해결전략 제시
- 미니 모의고사 6회, 실전 모의고사 3회의 풍부한 실전연습
- 자세한 정답 및 오답 풀이로 전 지문 완벽 학습

쎄듀 첫단추 모의고사 듣기실전편 NEW

- 첫단추 모의고사 듣기유형편 보다 한 단계 높은 난이도
- 실전과 꼭 같은 20회 총 340문항 수록
- 받아쓰기 연습을 위한 Dictation 전 회 단계별 수록